essentials

essentials liefern aktuelles Wissen in konzentrierter Form. Die Essenz dessen, worauf es als „State-of-the-Art" in der gegenwärtigen Fachdiskussion oder in der Praxis ankommt. *essentials* informieren schnell, unkompliziert und verständlich

- als Einführung in ein aktuelles Thema aus Ihrem Fachgebiet
- als Einstieg in ein für Sie noch unbekanntes Themenfeld
- als Einblick, um zum Thema mitreden zu können

Die Bücher in elektronischer und gedruckter Form bringen das Expertenwissen von Springer-Fachautoren kompakt zur Darstellung. Sie sind besonders für die Nutzung als eBook auf Tablet-PCs, eBook-Readern und Smartphones geeignet. *essentials*: Wissensbausteine aus den Wirtschafts, Sozial- und Geisteswissenschaften, aus Technik und Naturwissenschaften sowie aus Medizin, Psychologie und Gesundheitsberufen. Von renommierten Autoren aller Springer-Verlagsmarken.

Weitere Bände in dieser Reihe http://www.springer.com/series/13088

Andreas Gadatsch

IT-Controlling für Einsteiger

Praxiserprobte Methoden und Werkzeuge

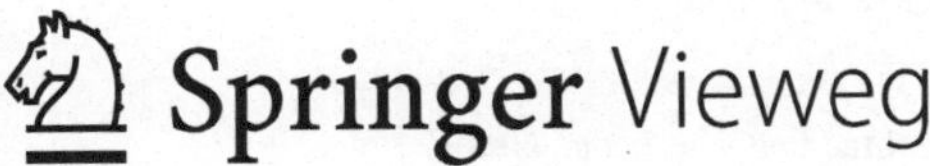

Andreas Gadatsch
Hochschule Bonn-Rhein-Sieg
Sankt Augustin, Deutschland

ISSN 2197-6708   ISSN 2197-6716 (electronic)
essentials
ISBN 978-3-658-13579-9   ISBN 978-3-658-13580-5 (eBook)
DOI 10.1007/978-3-658-13580-5

Die Deutsche Nationalbibliothek verzeichnet diese Publikation in der Deutschen National-
bibliografie; detaillierte bibliografische Daten sind im Internet über http://dnb.d-nb.de abrufbar.

Springer Vieweg
© Springer Fachmedien Wiesbaden 2016

Gedruckt auf säurefreiem und chlorfrei gebleichtem Papier

Springer Vieweg ist Teil von Springer Nature
Die eingetragene Gesellschaft ist Springer Fachmedien Wiesbaden GmbH

Was Sie in diesem *essential* finden können

- Einführung in Ziele, Aufgaben und Werkzeuge des IT-Controllings für Personen, die einen kompakten Einstieg in die Thematik suchen
- Methodenbeschreibungen, Praxis- und Rechenbeispiele sowie Musterkennzahlen für die IT-Controller-Praxis
- Hintergrundwissen und Hinweise auf weiterführende Spezialliteratur und Studien zum IT-Controlling für Personen, die als IT-Controller tätig werden wollen

Vorwort

IT-Controlling ist ein spezielles interdisziplinäres Teilgebiet der Wirtschaftsinformatik, das in Standardlehrplänen seit langem seinen Platz hat. Viele der relevanten und meist sehr umfangreichen Fachbücher richten sich entweder an Studierende, die eine Klausur bestehen möchten, oder an Spezialisten in der Praxis, die sich für Detailfragen interessieren. Daher besteht ein gewisser Bedarf für den interessierten Einsteiger, der kurz und bündig überblicken möchte, „was es gibt" und „wie es grundsätzlich funktioniert". Dies könnte z. B. ein IT-Mitarbeiter eines Unternehmens sein, der im Rahmen seiner täglichen Arbeit Kontakt mit Controllern seines Unternehmens hat und wissen möchte, was deren Sichtweise auf seine Tätigkeit ist.

Dieses *essential* enthält aus diesem Grund nur die wesentlichen für den Einsteiger relevanten Aspekte und basiert auf dem Lehrbuch „Gadatsch, A.; Mayer, E.: Masterkurs IT-Controlling, Wiesbaden, 4. Aufl. 2013" und weiteren Publikationen des Verfassers.

Sollte ein Leser fachliche Inhalte in diesem *essential* vermissen, so ist es die Folge der kompakten Stoffauswahl. Diejenigen, die an weiterführenden Details interessiert sind, finden im Literaturverzeichnis umfassende Literaturangaben.

Sankt Augustin   Andreas Gadatsch

Inhaltsverzeichnis

1 IT-Controlling 1
  1.1 Ziel und Begriff des IT-Controllings 1
  1.2 Aufgaben des IT-Controllings 2
  1.3 Organisationskonzepte für das IT-Controlling 3
  1.4 Methoden und Werkzeuge für das IT-Controlling 6
  1.5 Zusammenfassung 7

2 IT-Balanced Scorecard 9
  2.1 IT-Strategie als Basis für das IT-Controlling 9
  2.2 Aufbau der IT-Balanced Scorecard 10
  2.3 Anwendungsbeispiel 13
  2.4 Zusammenfassung 14

3 Earned-Value-Analyse 15
  3.1 Aufbau der Earned-Value-Analyse 15
  3.2 Anwendungsbeispiel 17
  3.3 Zusammenfassung 19

4 IT-Sourcing 21
  4.1 Rolle des IT-Controllings 21
  4.2 IT-Sourcing-Map nach „von Jouanne Diedrich" 21
  4.3 Chancen und Risiken von Outsourcing 24
  4.4 Cloud-Computing als Sonderfall und Trend im IT-Sourcing....... 25
  4.5 Service-Level-Agreements als Steuerungsinstrument 26
  4.6 Zusammenfassung 28

5   IT-Kosten- und Leistungsrechnung (IT-KLR) 29
   5.1   Relevanz der IT-Kosten- und Leistungsverrechnung 29
   5.2   Struktur der IT-Kosten- und Leistungsrechnung 29
   5.3   IT-Kostenartenrechnung 31
   5.4   IT-Kostenstellenrechnung 31
   5.5   IT-Kostenträgerrechnung 32
   5.6   Zusammenfassung 35

6   IT-Kennzahlen 37
   6.1   Kennzahlen im IT-Controlling 37
   6.2   Sinnvolle IT-Kennzahlen 39
   6.3   Auswahl wichtiger IT-Kennzahlen für die Praxis 43
   6.4   Zusammenfassung 43

Was Sie aus diesem *essential* mitnehmen können 45

Literatur 47

IT-Controlling

Grundlagen und zentrale Begriffe

IT-Controller sind Dienstleister

1.1 Ziel und Begriff des IT-Controllings

Controller = Steuermann

Controlling ist ein auf dem englischen Wort „to control" basierendes Kunstwort. Fehlerhafte Übersetzungen wie z. B. „Controlling = Kontrolle" haben in der Praxis tätige Controller demzufolge häufig als ungeliebte „Kontrolleure" in Misskredit gebracht. Das englische Wort „to control" bedeutet jedoch „steuern" oder „regeln". Somit ist das Controlling die *„Steuermannslehre"*. Der IT-Controller ist der Steuermann für den wirtschaftlichen Einsatz von Informationstechnik. Der Chief Information Officer (Leitung des Informationsmanagements) ist der Kapitän. Im englischen Sprachraum wird „IT-Controlling" nicht verwendet, dort ist *„IT-Performance-Management"* üblich (vgl. hierzu ausführlich Strecker 2008).

IT-Controlling als betriebswirtschaftliche Aufgabe

IT-Controlling gilt als Instrument zur Entscheidungsvorbereitung im Rahmen der Nutzung von IT-Ressourcen. Es ist die „... Beschaffung, Aufbereitung und Analyse von Daten zur Vorbereitung zielsetzungsgerechter Entscheidungen bei Anschaffung, Realisierung und Betrieb von Hardware und Software ..." (vgl. Becker/Winkelmann 2004, S. 214) und damit eine betriebswirtschaftliche Aufgabe zur Sicherstellung der Effektivität und Effizienz der Informationstechnik im Unternehmen.

© Springer Fachmedien Wiesbaden 2016
A. Gadatsch, *IT-Controlling für Einsteiger*, essentials,
DOI 10.1007/978-3-658-13580-5_1

"

IT-Controlling Leitbild der GI e. V.

Das *IT-Controller-Leitbild* der Gesellschaft für Informatik (GI e. V.) legt einen weiten Ansatz zugrunde (Barth et al. 2009). Demnach „… gestalten und unterstützen (IT-Controller) den Managementprozess der betrieblichen Informationsverarbeitung und tragen damit eine Mitverantwortung für die Zielerreichung des Informationsmanagements".

1.2   Aufgaben des IT-Controllings

Der *Aufgabenumfang* ist nicht einheitlich beschrieben (vgl. hierzu Gadatsch und Mayer 2013). In typischen Stellenanzeigen werden folgende Tätigkeiten genannt:

- Aufstellung und Abstimmung des IT-Budgets,
- Bewertung von Kosten und Risiken die durch IT-Projekte und IT-Systeme entstehen,
- Bewertung und Priorisierung von Projektanträgen,
- Ermittlung des Wertbeitrages der IT am Unternehmenserfolg,
- Wirtschaftlichkeitsanalyse und Bewertung von IT-Projekten und IT-Systemen,
- Beurteilung der Chancen und Risiken von IT-Outsourcing-Maßnahmen,
- Gestaltung und Bewertung von Service-Level-Agreements (SLA) mit IT-Dienstleistern,
- Vorbereitung von Make-or-Buy-Entscheidungen.

IT-Controller müssen also strategische Fragen beantworten (z. B. „Können wir über ein IT-Outsourcing unsere Leistungsfähigkeit verbessern?") und operative Antworten liefern (z. B. „Wie hoch waren die IT-Kosten im Monat Mai für das IT-Produkt ‚Mailserver'?). Einen praxisnahen Katalog typischer Fragestellungen haben Müller et al. (2005, S. 101–102) zusammengestellt:

- Welche Chancen eröffnen innovative IT-Systeme zur Steigerung der Wettbewerbsposition?
- Wie können die Risiken der zunehmenden Abhängigkeit von der IT beherrscht werden?
- Wie können die vielfältigen IT-Anwendungen priorisiert werden?
- Wie können die IT-Projekte in einem ganzheitlichen Programm-Management optimal aufeinander abgestimmt werden?
- Wie kann der Beitrag der IT zur Optimierung der Geschäftsprozesse beurteilt werden?

- Wie kann ex ante die Wirtschaftlichkeit der IT-Anwendungen beurteilt werden?
- Wie kann die Effizienz der Infrastruktur und der Leistungserbringung der IT beurteilt werden?
- Wie kann die Qualität der Zusammenarbeit mit internen und externen Partnern gemessen werden?
- Wie kann der Leistungsaustausch zwischen IT- und Fachabteilung effizient bewertet und gesteuert werden?
- Wie kann die Gesamtleistung der IT in einem ganzheitlichen System gemessen werden?

1.3 Organisationskonzepte für das IT-Controlling

Rollenverteilungen

Die Aufgaben überlappen sich teilweise mit denen des Informationsmanagements (Gadatsch 2009). Der Chief Information Officer (CIO) als Leiter des Informationsmanagements hat die Gesamtverantwortung für die Informationsverarbeitung in einer Organisation. Er erarbeitet Visionen und Konzepte für zukünftige technische Möglichkeiten und berät die Fachbereiche bei der Gestaltung ihrer Geschäftsprozesse. Außerdem ist er für die operative Umsetzung der Konzepte und den Betrieb der IT verantwortlich.„Der CIO ist die ‚geschäfts- und ergebnisorientierte, hauptverantwortliche Persönlichkeit im (Top-) Management für die strategischen IT-Belange einer Organisation.'" Baumeister (2010).

IT-Controller und CIO im Zusammenspiel

Der IT-Manager (CIO = Chief Information Officer) hat die Entscheidungs- und Umsetzungsverantwortung für IT-Maßnahmen. Er informiert und beteiligt den IT-Controller in wesentlichen Fragen. Doch was ist in diesem Kontext die Aufgabe des IT-Controllers?

IT-Controller als unabhängiger Berater des CIO

Der IT-Controller ist der unabhängige Berater des obersten IT-Managements, also üblicherweise dem CIO oder dem IT-Leiter. Er liefert betriebswirtschaftliche Methoden und Werkzeuge, ist verantwortlich für die Steuerung des IT-Controllings und überwacht die IT-Projekte der Anwender. Der IT-Controller muss die Transparenz herstellen, die der CIO benötigt, um die „richtigen" Entscheidungen in Bezug auf die IT-Strategie, IT-Planung und Steuerung der erforderlichen Maßnahmen zu treffen (vgl. Abb. 1.1).

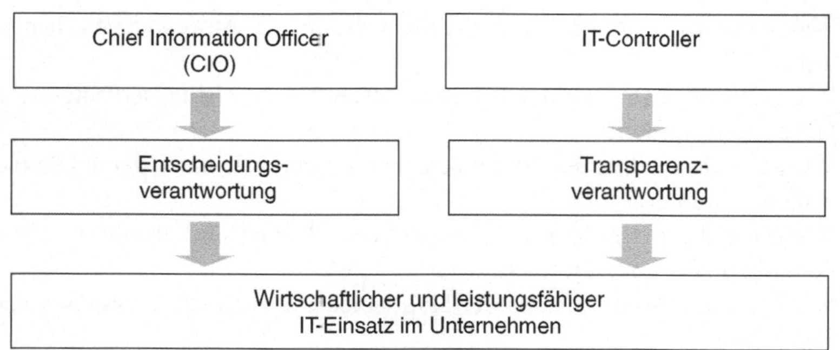

Abb. 1.1 Rollenverteilung zwischen CIO und IT-Controller. (In Anlehnung an Kütz 2006, S. 9)

IT-Controller als Dienstleister und Überwachungsinstanz

Der IT-Controller ist Dienstleister (Schaffung von Transparenz) für das Informationsmanagement und Überwachungsinstanz (Einhaltung von Regeln, z. B. Budgets) des CIOs zugleich, was in der Praxis zu Rollen-Konflikten und unterschiedlichen Organisationskonzepten führt. Die Einordnung des IT-Controllers in die Unternehmenshierarchie ist sehr unterschiedlich geregelt. Folgende Grundvarianten der organisatorischen Ausgestaltung sind in der Praxis anzutreffen: Partnerschaftsmodell (IT-Controller gleichrangig mit CIO), *CIO-Mitarbeiter-Modell* (IT-Controller als CIO-Mitarbeiter), *Controlling-Modell* (Mitarbeiter im Controlling) (vgl. Abb. 1.2).

Partnerschaftsmodell

Beim *Partnerschaftsmodell* ist das IT-Controlling direkt der Unternehmensleitung unterstellt und damit auf der gleichen Hierarchiestufe wie der CIO. Die in Abb. 1.1 skizzierte Rollenverteilung zwischen CIO und Leiter IT-Controlling ist damit vollständig abbildbar. Das IT-Controlling ist unabhängig und kann eigenständig agieren. Dieses Modell ist typisch für Unternehmen bei denen das Produkt stark/eng mit der IT verwoben ist, wie z. B. Banken oder Versicherungen.

Mitarbeitermodell

Das *Mitarbeitermodell* ordnet der Leiter des IT-Controllings dem CIO unter. Die in Abb. 1.1 vorgestellte Rollenverteilung zwischen CIO und dem IT-Controllerdienst ist wegen der disziplinarischen Einordnung und möglicher Rollenkonflikte nur teilweise realisierbar. Der CIO könnte im Konfliktfall Einwände des IT-Controllers

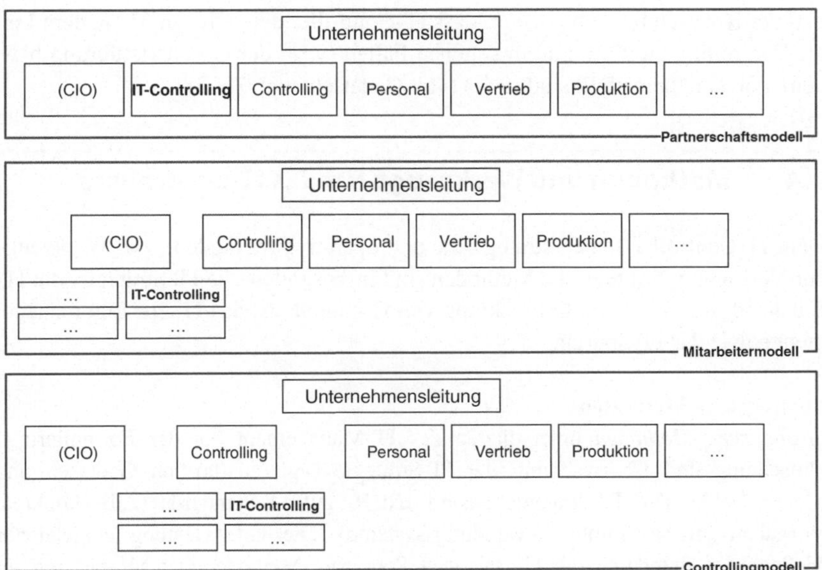

Abb. 1.2 Organisationskonzepte für das IT-Controlling

zurückweisen. Dieses Konzept findet man häufig in Industrien mit starker Trennung von Produktions-IT (hoher IT-Anteil in Produktions- und Montagesystemen, wie z. B. Automobilindustrie) und allgemeiner IT (IT-Arbeitsplatz, Dokumentenmanagement, Enterprise-Resource-Planning, Customer Relationship-Management).

Controlling-Modell

Das *„Controlling-Modell"* betrachtet IT-Controlling als Teilaufgabe des allgemeinen Unternehmens-Controlling. Das IT-Controlling ist gegenüber dem CIO nicht weisungsgebunden, aber nicht auf der zweiten Führungsebene angesiedelt. Auch in dieser Variante ist die vorgestellte Rollenverteilung zwischen dem CIO und IT-Controller darstellbar. In der Praxis fokussiert sich das IT-Controlling stärker auf finanzielle Aspekte wie Kostenplanung, Budgeteinhaltung, Wirtschaftlichkeitskontrolle.

Organisationskonzepte in der Praxis

Alle vorgestellten organisatorischen Konzepte sind in der Praxis anzutreffen. Die Langzeitstudie „IT-Controlling in der Praxis" der Hochschule Bonn-Rhein-Sieg und der Hochschule Anhalt zeigt, dass IT-Controller dem CIO zu 51 %, dem Leiter Controlling zu 27 % und in seltenen Fällen (9 %) der Geschäftsführung bzw. dem Vorstand unterstellt sind (9 %) (vgl. Gadatsch et al. 2013).

1.4   Methoden und Werkzeuge für das IT-Controlling

Dem IT-Controller stehen strategische und operative Methoden bzw. Werkzeuge zur Verfügung. Strategische Methoden sind insbesondere die IT-Strategie, die IT-Balanced Scorecard, die Entwicklung von IT-Standards, das IT-Portfoliomanagement sowie das IT-Sourcing.

Strategische Methoden

Strategische Methoden unterstützten das IT-Management bei der Formulierung, Umsetzung und Überwachung der IT-Strategie (vgl. ausführlich Gadatsch und Mayer 2013). Die IT-Strategie basiert i. d. R. auf IT-Standards (z. B. konkrete Vorgaben für bestimmte Anwendungssysteme). Die Überwachung eingeleiteter Maßnahmen unterstütz die IT-Balanced Scorecard-Methode. Die Mitwirkung im IT-Portfolioausschuss für strategisch wichtige IT-Projekte durch das IT-Controlling sichert die zielorientierte Auswahl relevanter Projekte. Die effiziente Ausgestaltung der Beschaffung von IT-Leistungen (IT-Sourcing) sichert Einsparpotenziale für das Unternehmen. Der IT-Controller analysiert und beurteilt die Beschaffungsprozesse des Unternehmens, erarbeitet Optimierungsvorschläge und initiiert entsprechende Maßnahmen.

Operative Methoden

Zu den *operativen Methoden* gehören die IT-Kosten- und Leistungsrechnung, das Geschäftspartnermanagement, das Reporting auf Basis von IT-Kennzahlen und das IT-Projektcontrolling auf Basis der Earned-Value-Analyse (vgl. ausführlich Gadatsch und Mayer 2013). Eine funktionierende Kosten- und Leistungsrechnung liefert dem IT-Controllerdienst detaillierte Analysen. Sie erfasst Kosten und Leistungen für die Erstellung der IT-Dienste und verrechnet sie verursachungsgerecht auf die Nutzer. Bei IT-Projekten ist es üblich zahlreiche spezialisierte IT-Dienstleister einzubinden. Dies erfordert ein Vertrags- und Beratermanagement sowie ein Benchmarking der Geschäftspartner. Service-Level-Agreements sichern einen hohen Leistungsgrad der Geschäftspartner und erlauben es dem IT-Controller, bei Vertragsverletzungen einzugreifen. Das IT-Berichtswesen bzw. Reporting basiert zu großen Teilen auf Daten der IT-Kosten- und Leistungsrechnung. IT-orientierte Kennzahlen liefern ein umfassendes Bild über geplante, laufende und abgeschlossene IT-Projekte und den IT-Betrieb. Der Aufbau eines IT-Kennzahlensystems und die Versorgung des IT- und Fachmanagements mit Kennzahlen und Analysen stellt eine wichtige Aufgabe des IT-Controllers dar. Die Mitarbeit des IT-Controllers in IT-Projektteams erlaubt es, frühzeitig IT-Projekte beeinflussen zu können. Die Genehmigung von IT-Projekten wird durch ein formalisiertes Genehmigungsverfahren des IT-Controllings standardisiert. Es verhindert den Start riskanter und unwirtschaftlicher Projekte. Eine permanente Projektfortschrittsanalyse, die regelmäßige Ermittlung der geschaffenen Werte (Earned-Value-Analyse) und fallweise Reviews überwachen laufende Projekte, um frühzeitig Schwachstellen und Fehlentwicklungen zu korrigieren.

1.5 Zusammenfassung

- IT-Controlling ist eine unabhängige Dienstleistungsaufgabe zur Unterstützung des Informationsmanagements
- Der Chief Information Officer (CIO) ist verantwortlich für die Umsetzung der Ziele des Informationsmanagements
- Der IT-Controller hat die Verantwortung für die Transparenz
- Die Organisation orientiert sich an den Anforderungen des Unternehmens: *Partnerschaftsmodell* (IT-Controller gleichrangig mit CIO), *CIO-Mitarbeiter-Modell* (IT-Controller als CIO-Mitarbeiter), *Controlling-Modell* (Mitarbeiter im Controlling)

IT-Balanced Scorecard

IT-Strategien umsetzen und steuern

*IT-Balanced Scorecard als Hilfsmittel zur
Strategiesteuerung*

2.1 IT-Strategie als Basis für das IT-Controlling

Ohne eine *IT-Strategie* ist kein sinnvolles IT-Controlling möglich, weil die Ausgangsgrundlage fehlt. Eine IT-Strategie liefert eine vorausschauende Planung zukünftigen Handelns. Sie dient der Umsetzung und dem Monitoring IT-orientierter Maßnahmenbündel zur Realisierung strategischer Unternehmensziele. In den meisten Fällen wird in der Praxis eine IT-Strategie erstellt, allerdings arbeiten 23 % ohne IT-Strategie (Gadatsch et al. 2013, S. 7).

Wesentliche Inhalte sind (vgl. ausführlich Gadatsch und Mayer 2013):

- Formulierung eines Sollzustandes (Wohin wollen wir?)
- Auflistung des Handlungsbedarfs (Was müssen wir tun?)
- Aufzeigen von Handlungsoptionen (Was haben wir für Alternativen?)
- Setzen von Zielen und Definieren von Maßnahmen (Was ist wann konkret zu tun?)
- Benennung der Verantwortungsträger (Wer führt die Maßnahmen durch?)
- Bestimmung von Messgrößen für das Ziel-Monitoring (Wann haben wir die Ziele erreicht?)

IT-Strategie Ausprägungen

IT-Strategien können aggressiv, moderat oder defensiv ausgelegt werden (Heinrich und Stelzer 2009, S. 130). Eine aggressive IT-Strategie verfolgt das Ziel der Führerschaft beim Technologieeinsatz. Man möchte schneller als seine

© Springer Fachmedien Wiesbaden 2016
A. Gadatsch, *IT-Controlling für Einsteiger*, essentials,
DOI 10.1007/978-3-658-13580-5_2

Wettbewerber sein. Aktuelle Themen wären Digitalisierung, Industrie 4.0, Internet der Dinge (IoT, Internet of Things) oder Big Data. Eine moderate IT-Strategie beinhaltet die Nachahmung des Mitbewerberverhaltens, je nach dessen Erfahrungen wird den Maßnahmen gefolgt oder nicht. Als Beispiel lässt sich der Einsatz branchentypischer Software, wie z. B. SAP ERP anführen. Eine defensive IT-Strategie setzt primär bewährte Standardlösungen ein, wie z. B. der Einsatz bewährter Standardprodukte wie Microsoft Office für die Arbeitsplatzunterstützung. Es gibt keine von Wettbewerbern abweichenden Vorgehensweisen.

Beispiel für Kernaussagen einer IT-Strategie
Die Kernsätze der IT-Strategie von Volkswagen zeigen eine enge Verzahnung mit geschäftlichen Aspekten: „Die Konzern-IT versteht sich als Dienstleister, mit dem Ziel durch IT-Lösungen den Volkswagen-konzern auf seinem Weg zum weltweit führenden Automobilunternehmen nach vorne zu bringen". Sie leistet einen Beitrag zur Qualität und Kundenzufriedenheit durch durchgängige und markenübergreifende Unterstützung der Geschäftsprozesse, hervorragende Performance und skalierbare Services. Sie unterstützt die Wachstumsziele durch einen weltweiten Einsatz von Standards und Modulen, fokussiert die Vereinheitlichung von Geschäftsprozessen und die Bereitstellung von IT Lösungen für neue Konzernstandorte (CIO 2010, S. 12).

2.2 Aufbau der IT-Balanced Scorecard

Die *Balanced Scorecard (BSC)* wurde Anfang der 1990er Jahre von R. S. Kaplan und D. P. Norton als kennzahlenbasiertes Führungsinstrument entwickelt. Die bis dahin eingesetzten Kennzahlensysteme waren traditionell auf Finanzaspekte fokussiert und stark vergangenheitsorientiert ausgerichtet. Außerdem waren Strategie und operatives Geschäft nicht vernetzt, häufig mit der Folge von nicht umgesetzten Strategien. Die BSC verknüpft die in die Zukunft gerichtete Unternehmensstrategie und die operative Maßnahmenplanung über Ursache-Wirkungsketten, um einerseits das finanzielle Gleichgewicht erhalten zu können und andererseits weitere vor allem nichtmonetäre Ziele zu erreichen. Das Beispiel von Appel et al. 2002, in Abb. 2.1 verknüpft Mitarbeiterqualität, Kundenorientierung und Finanzziele: Qualifizierte Mitarbeiter verbessern die Prozessqualität und reduzieren die Durchlaufzeiten. Die Kunden werden hierdurch pünktlicher beliefert, sie bleiben dem Unternehmen treu, die Gesamtkosten reduzieren sich. Zufriedene Stammkunden sichern langfristig einen ausreichenden Return on Investment.

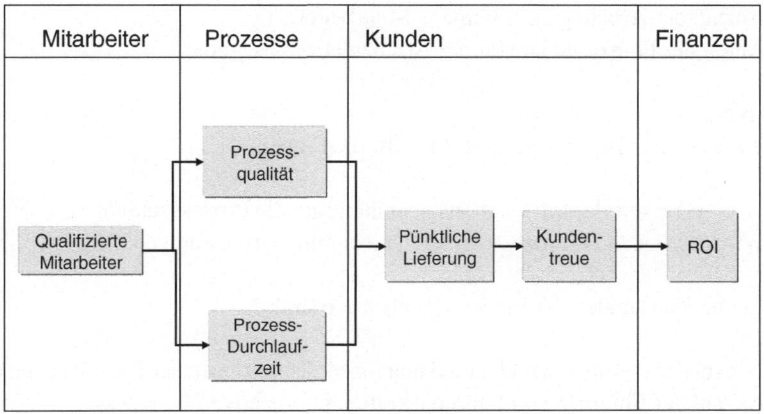

Abb. 2.1 Beispiel für eine allgemeine Ursache-Wirkungskette. (vgl. Appel et al. 2002, S. 89)

Aufbau der Balanced-Scorecard

Eine Balanced Scorecard ist ein strategisches Kennzahlensystem mit mehreren vernetzten Analysebereichen (Perspektiven), für die mittels Ursache-Wirkungsketten aufeinander abgestimmte Ziele, Kennzahlen, Zielwertvorgaben und konkrete Maßnahmen festgelegt werden. Die Wahl der Perspektiven ist individuell zu treffen, häufig werden aber die Bereiche Finanzen, Prozesse, Kunden und Mitarbeiter gewählt, weil sie die wesentlichen Bereiche abdecken. Die Balanced Scorecard kann für Konzerne oder Unternehmen aufgestellt werden oder auf Unternehmensbereiche (z. B. Produktion, IT), Abteilungen oder Projekte bis hinunter zum einzelnen Mitarbeiter heruntergebrochen werden.

Finanzen

Die *finanzielle Perspektive* klärt z. B. folgende Fragen:

- Welchen Beitrag kann die IT zum Finanzerfolg des Unternehmens leisten?
- Wie lassen sich die IT-Prozesskosten reduzieren?

Als Kennzahlen der finanziellen Perspektive sind empfehlenswert:

1. IT-Kosten je Mitarbeiter,
2. Rentabilitätszuwachs nach einer IT-Projektdurchführung,

3. Anzahl der Arbeitsplatzsysteme je Mitarbeiter,
4. Anteil der IT-Kosten an Umsatz/Absatzmenge/Gesamtkosten.

Prozesse

Eine *Prozessperspektive* beantwortet z. B. die Fragen:

1. Wie verbessert der Informationstechnikeinsatz die Prozessqualität?
2. Wie lassen sich IT-Prozesse durch Outsourcing beschleunigen?

Mögliche Kennzahlen der Prozess-Perspektive sind:

1. Anzahl der Beschwerdefälle, Reklamationen, Eskalationen ins Top-Management,
2. Anzahl der Eingriffe von Führungskräften in operative IT-Prozesse,
3. Durchlaufgeschwindigkeit vom Prozesseingang bis -ausgang.

Mitarbeiter

In der *Mitarbeiterperspektive* lassen sich folgende Fragen klären:

- Über welche Potenziale verfügen unsere IT-Fachleute?
- Wie lassen sich die Fach- und Sozialkompetenzen unserer IT-Mitarbeiter erhöhen?
- Welchen Grad erreicht die Mitarbeiterzufriedenheit?

Kennzahlen für eine Lern- und Entwicklungsperspektive sind:

1. Fluktuations-, Überstunden- und Krankenquote im IT-Bereich,
2. Anzahl der Verbesserungsvorschläge (absolut/je IT-Mitarbeiter),
3. Anzahl von Veröffentlichungen durch IT-Mitarbeiter (absolut/je Mitarbeiter),
4. Anzahl der Teilnehmer an Weiterbildungsveranstaltungen, Betriebsfesten oder Betriebsversammlungen.

Kunden

Eine *Kunden-Perspektive* sucht Antworten auf folgende Fragen:

- Welche Produkte erstellt die IT für ihre Kunden?
- Wie beurteilen Kunden unsere Leistungen im Vergleich zu anderen Dienstleistern?

Kunde			
Ziel	Kenn-zahlen	Ziel-werte	Maßnahmen
IT-Vorzugs-lieferant im Konzern werden	Umsatzanteil am IT-Volumen	Anteil > 75%	Kunden befragen Anforderungen analysieren
	Anteil betreuter IT-Anwen-dungen	Anteil > 80%	Preise auf Marktniveau Leistungen auf Marktniveau

IT-Prozesse			
Ziel	Kenn-zahlen	Ziel-werte	Maßnahmen
Leistungs-fähigkeit der IT-Prozesse auf Markt-niveau steigern	Anteil zeitnah behobene Störungen / Gesamtzahl	Anteil > 95%	Prozessanalyse und Bench-marking mit Wettbewerbern durchführen
	Anzahl Beschwer-den	Anteil < 10%	IT-Prozesse auf ITIL-Basis standardisieren

Personal/Lernen			
Ziel	Kenn-zahlen	Ziel-werte	Maßnahmen
IT-Personal anfor-derungs-gerecht ausge-bildet und einsatz-bereit	Anzahl Weiterbil-dungstage / Mitarbeiter	10 Tage pro Jahr	Stellenbeschrei-bungen aktua-lisieren Anforderungen mit Ausbildungs-stand abgleichen
	Einhaltung von Termin-verein-barungen	Anteil > 95%	Schulungsplan erstellen

Finanzen			
Ziel	Kenn-zahlen	Ziel-werte	Maßnahmen
Beitrag jeder IT-Maßnah-me zum Unter-nehmens-erfolg ist trans-parent	TCO je IT-Arbeitsplatz	TCO < xxxx EUR	TCO Analyse durchführen ROI in Geneh-migungsverfah-ren integrieren
	Wirtschaft-lichkeit (ROI)	ROI > 10%	ROI monatlich je IT-Maßnahme erheben

Abb. 2.2 Beispiel für eine einfache IT-Balanced Scorecard

Kennzahlen der Markt- und Kundenperspektive liefern folgende Daten:

1. Anzahl der Besucher auf Fachmessen, Hausmessen und ähnlichen Veranstaltungen,
2. Bearbeitungsdauer von Anfragen, Reklamationen, Störungsbeseitigung etc.,
3. Anteil von Neukunden am Gesamtkundenbestand.

2.3 Anwendungsbeispiel

Die BSC wird als *IT-Balanced Scorecard* (kurz IT-Scorecard) in etwa 30 % der deutschen Unternehmen für die IT-Steuerung eingesetzt (vgl. Gadatsch et al. 2013, S. 11). Das Beispiel in Abb. 2.2 stellt die *IT-Scorecard* eines Konzerndienst-leisters für Informationstechnik dar, der im Wettbewerb zu externen Anbietern steht und sich um Aufträge des Konzerns und dessen Einheiten bemühen muss.

Beispiel Daimler-Benz

Bei *Daimler-Benz* gilt die IT-Scorecard als „Visitenkarte der IT" (Sarsam 2010). Die Idee ist Konzepte der Produktion auf die Administration zu übertragen und wurde weltweit für 700 Projekte realisiert. Ein Blick in die Fertigung zeigt auf einem Ziffernbord, was wo gerade montiert wird, das IT-Board zeigt, wer wo einen Fehler gemacht hat. So kann die IT Antworten auf wichtige Fragen des Business geben, wie z. B. Wie viele PKW/LKW konnten wegen IT-Störungen nicht gebaut werden? Als Nebeneffekt wird der Vorstand nicht nur informiert, wann etwas in der IT nicht funktioniert, sondern erhält auch Informationen über Erfolge.

Bewertung
Die IT-Scorecard fördert die Stärkung der unternehmerischen Sicht des IT-Bereiches, da die von ihm verfolgten Maßnahmen einen geschäftlichen Zweck verfolgen müssen. Da vorhandene Kennzahlensysteme eingebunden werden können besteht ein Investitionsschutz für vorhandene Führungssysteme. Die Wechselwirkungen zwischen den verschiedenen Maßnahmen lassen sich allerdings nicht immer exakt bestimmen, sodass eine sorgfältige Planung notwendig ist. Der Aufwand für die Einführung und den Betrieb einer Scorecard wird häufig als sehr hoch eingeschätzt.

2.4 Zusammenfassung

- Eine IT-Strategie ist die Grundlage für das strategische IT-Controlling
- Die IT-Scorecard ist ein Kennzahlensystem zur Steuerung der IT-Strategie-Umsetzung
- Eine IT-Scorecard enthält Ziele, Kennzahlen, Zielwerte, Maßnahmen für individuelle Perspektiven: Kundensicht (Sicht der IT-Kunden auf die Informationsverarbeitung), IT-Prozesssicht (Qualität der Informationsverarbeitung), IT-Mitarbeitersicht (Eignung und Zufriedenheit der IT-Mitarbeiter), Finanzsicht (Wirtschaftlichkeit der Informationsverarbeitung)

Earned-Value-Analyse

Projekte planen, überwachen und steuern

3

IT-Controller sind Dienstleister

3.1 Aufbau der Earned-Value-Analyse

Projektleiter werden in der Praxis regelmäßig mit folgenden Fragen konfrontiert:

1. Wo steht das Projekt?
2. Ist das Projekt noch im Zeitplan?
3. Wie haben sich die Kosten entwickelt?
4. Wo werden wir am Ende der Projektlaufzeit stehen?
5. Wie stark weicht das Projekt vom Zeitplan und Kostenplan ab?

Zur Beantwortung dieser Fragen fehlen häufig geeignete Basisdaten. Ein Vergleich der Istkosten eines Projektes mit den Plankosten führt zu falschen Ergebnissen, da eine in der Praxis meist nicht vorhandene Proportionalität von Zeitverlauf und Kostenverlauf unterstellt wird. Die Earned-Value-Analyse ermittelt zur Vermeidung dieser Problematik *Sollkosten*, die den theoretisch erreichbaren Kostenwert und damit den Projektwert angeben und vergleicht diese mit den Istkosten. Sie misst die Projektleistung auf Basis der ursprünglich geplanten Kosten (Werkmeister 2008, S. 171). Daneben werden Kennzahlen für die Analyse gebildet (vgl. Kesten/Müller/Schröder 2007, S. 101 ff. ; Linssen 2008, S. 87 ff.). Die Earned-Value-Analyse beantwortet als Instrument für das Projektcontrolling z. B. folgende Fragen (vgl. Fiedler 2005, S. 157 ff.):

- Wie hoch sind die tatsächlichen Kosten (Istkosten)?
- Wie hoch dürften die Kosten bei planmäßigem Verlauf sein (Sollkosten)?

© Springer Fachmedien Wiesbaden 2016
A. Gadatsch, *IT-Controlling für Einsteiger*, essentials,
DOI 10.1007/978-3-658-13580-5_3

- Verläuft das Projekt wirtschaftlich (Ist-Soll)?
- Wird die geplante Leistung erbracht (Sollplan)?

Basisdaten

Folgende Basisdaten lassen sich dem Projektverlauf entnehmen:

- Plankosten = Planmenge × Planpreis
- Istkosten = Istmenge × Ist-Preis
- Leistungswert (Earned Value) = Istmenge × Plan-Preis

Der *Leistungswert* entspricht dem tatsächlichen Wert der erbrachten Leistung, den Sollkosten des Projektes. Er entspricht also der Höhe der Kosten, wie sie nach dem Planungsstand des Projektes sein dürften (Linssen 2008, S. 89).

Kennzahlen

Zur Analyse des Projektes lassen sich mehrere Abweichungsgrößen ermitteln:

- *Planabweichung* = Leistungswert – Plankosten
- *Kostenabweichung* = Leistungswert – Istkosten

Die *Zeiteffizienz* ist der Quotient aus dem Leistungswert (Earned Value) und den ursprünglichen Plankosten. Ist die Zeiteffizienz größer als 1 ist der Projektverlauf schneller als geplant:

- Zeiteffizienz = Leistungswert/Plankosten

Die *Kosteneffizienz* ist der Quotient aus dem Leistungswert (Earned Value) und den tatsächlich angefallenen Istkosten. Liegt der Wert dieser Kennzahl oberhalb von 1 handelt es sich um ein kostengünstiges Projekt:

- Kosteneffizienz = Leistungswert/Istkosten

Voraussetzungen für den Einsatz

Die Earned-Value-Analyse ist nur einsetzbar wenn eine vollständige und detaillierte Projektplanung vorliegt (Projektstruktur, -termine, -kosten) und diese sehr detailliert auf der Ebene von Teilaufgaben bzw. Arbeitspaketebene erstellt wurde. Daneben sind realistische Aufwandsschätzungen notwendig.

Sie ist insbesondere dann nicht mehr einsetzbar, wenn folgende Merkmale auf das Projekt zutreffen (vgl. Stelzer und Bratfisch 2007, S. 69):

* Projektfortschritt wird nicht gemeldet,
* Mitarbeiter buchen auf Projekte, für die sie nicht gearbeitet haben oder kontieren falsche Tätigkeiten,
* Termine werden nicht eingehalten oder oft verschoben,
* keine IT-Unterstützung (Projektmanagement-Software) verfügbar.

Einsatz in der Praxis

Als Vorteile der Methode werden die folgenden Argumente angeführt (Linssen 2008, S. 100): Möglichkeit zum Aufbau eines Frühwarnsystems, Kennzahlen ermöglichen rasche Information von Aufsichtsgremien (Projektlenkungsausschuss), Entlastung der Führungskräfte durch Definition von Schwellwerten, die Handlungsbedarf für Führungskräfte anzeigen. Der Werkzeugkasten des IT-Controllers verfügt über zahlreiche Elemente (vgl. hierzu ausführlich Gadatsch und Mayer 2013), die aber nicht immer konsequent zum Einsatz kommen. In der Praxis dominieren klassische Meilensteintrendanalysen und Wirtschaftlichkeitsrechnungen. Die Earned-Value-Analyse kommt nach einer 10-Jahres Langzeitanalyse häufiger zum Einsatz als bisher, allerdings ist hier noch Potenzial zu sehen (vgl. Gadatsch et al. 2013, S. 20).

3.2 Anwendungsbeispiel

Basisdaten und Projektverlauf

Eine Versicherung plant die Einführung eines „Online-Schadenabwicklungssystems" zur Beschleunigung der Schadenabwicklung. Ein externes Softwareunternehmen hat das Projekt übernommen. Insgesamt sind 5 Arbeitspakete (AP) geplant, um das System zu entwickeln:

AP1: Erstellung einer Vorstudie	(1 Monat, 20.000 €)
AP2: Anforderungsanalyse	(2 Monate, 40.000 €)
AP3: Softwareauswahl und Beschaffung	(1 Monat: 10.000 €)
AP4: Customizing und Anpassung	(3 Monate: 120.000 €)
AP5: Inbetriebnahme des Systems	(1 Monat, 25.000 €)

Das Projekt nimmt bis zum Ablauf der 27 Woche folgenden Verlauf: Die Vorstudie (AP1) verzögert sich aufgrund verschiedener Umstände um zwei Wochen.

Durch den Einsatz eines Werkstudenten konnten die Kosten allerdings auf 15.000 € begrenzt werden. Die Anforderungsanalyse (AP2) erfolgt völlig planmäßig mit einer Dauer von acht Wochen und Kosten in Höhe von 40.000 €. Die Softwareauswahl und Beschaffung (AP3) verzögert sich um eine Woche, weil der IT-Einkäufer krank ist und der Vertreter mehr Zeit benötigt, um sich einzuarbeiten. Die Kosten für die Auswahl und Beschaffung erhöhen sich auf 12.000 €, weil Überstunden zur Einarbeitung anfallen. Das Arbeitspaket 4 kann bereits nach 2 Monaten Bearbeitungszeit abgeschlossen werden, weil die Versicherung zahlreiche Standardprozesse unverändert übernimmt und hierdurch der geplante Aufwand entfällt. Aufgrund des Einsatzes externer Mitarbeiter für das Customizing sind die Personalkosten höher ausgefallen als geplant. Es fallen für das AP4 insgesamt 90.000 € an.

Hinweis: *Ein Monat wird mit 4 Wochen geplant.*

Aufbereitung der Basisdaten des Istprojektverlaufs

$T = 4$ $AP1 = 4 + 2 = 6$ Wochen (15.000 €)
$T = 14$ $AP2 = 8$ Wochen (40.000 €)
$T = 19$ $AP3 = 4 + 1 = 5$ Wochen (12.000 €)
$T = 27$ $AP4 = 12 - 4 = 8$ Wochen (90.000 €)
Summe: 27   Wochen (157.000 €)

Plan − Gesamtkosten   **215.000 €**
Plangesamtmengen × Planpreise
$20.000 + 40.000 + 10.000 + 120.000 + 25.000 = 215.000$

Plankosten (27. Woche)   **180.000 €**
Planmengen bis zum relevanten Zeitpunkt × Planpreise
$20.000 + 40.000 + 10.000 + 11/12 \times 120.000 = 180.000$

Hinweis zu AP4: Die AP1-3 sind mit ihren Planwerten anzusetzen. AP4 hätte in der 27 Woche zu 11/12 der fertiggestellt sein müssen.

Fertigstellungswert (Earned Value) (27. Woche)   **190.000 €**
Istmengen ∗ Planpreise
$20.000 + 40.000 + 10.000 + 120.000 = 190.000$

Hinweis zu AP4: In der 27. Woche sind vom AP4 12/12 (100 %) fertiggestellt worden, d. h. alle AP gehen mit ihrem vollen Wert in den EV ein.

Istkosten   **157.000 €**
$15.000 + 40.000 + 12.000 + 90.000 = 157.000$

Analyse der Basisdaten

Kostenabweichung = Earned Value − Istkosten 190.000 − 157.000	**+ 33.000 €**
Kostenabweichung (EarnedValue − Plankosten (27. Woche) 190.000 − 180.000	**+ 10.000 €**
Kosteneffizienz = Leistungswert/Istkosten 190.000/157.000	**+ 1, 21**
Zeiteffizienz = Leistungswert/Plankosten 190.000/180.000	**+ 1, 06**

Gesamtbewertung
Das Projekt hat aufgrund der Verkürzung der Customizingaktivitäten (Kosteneffizienz ist größer 1) deutlich geringere Kosten als geplant. Zudem ist es noch etwas schneller als erwartet (positive Zeiteffizienz). Somit ist es insgesamt ein positiv verlaufendes Projekt.

3.3 Zusammenfassung

Die Earned-Value-Analyse wurde für das Projektcontrolling entwickelt und stellt Kennzahlen zur Steuerung und Analyse des Projektverlaufs (insbesondere Kosten und Zeit) bereit.

- Basisdaten
  - Plankosten = Planmenge × Planpreis
  - Istkosten = Istmenge × Istpreis
  - Leistungswert (Earned Value) = Istmenge × Planpreis
- Kennzahlen
  - Planabweichung = Leistungswert − Plankosten
  - Kostenabweichung = Leistungswert − Istkosten
  - Zeiteffizienz = Leistungswert/Plankosten
  - Kosteneffizienz = Leistungswert/Istkosten

IT-Sourcing

Effiziente Beschaffung von IT-Services sicherstellen

Zusammenspiel zwischen IT-Controlling, IT-Management und IT-Einkauf

4.1 Rolle des IT-Controllings

Die Beschaffung von IT-Leistungen ist ein komplexes Aufgabenfeld, das durch seine Spezialisierung und Vielfalt der IT-Leistungen im Zusammenspiel zwischen *IT-Management, IT-Einkauf* und dem *IT-Controlling* gesteuert wird. Eine wichtige Voraussetzung für eine sinnvolle Organisation der IT-Beschaffung ist eine Trennung zwischen der Nachfrage *(Demand)* nach IT-Leistungen und deren Bereitstellung *(Supply)* durch interne oder externe IT-Dienstleister. Das Informationsmanagement (CIO-Office) ist verantwortlich für die Nachfragesteuerung. Der IT-Einkauf ist die ausführende Organisationseinheit und verantwortlich für Vertragsverhandlungen und operative Beschaffungsprozesse. Das IT-Controlling stellt die Wirtschaftlichkeit der Beschaffungsprozesse sicher und überprüft die Ausgestaltung und Einhaltung der *Service-Level-Agreements* (Geschäftsprozessvereinbarungen).

4.2 IT-Sourcing-Map nach „von Jouanne Diedrich"

Im IT-Umfeld werden traditionell viele Leistungen extern beschaffen. Daher kommt dem „*Outsourcing*", also der Auslagerung bislang intern durchgeführter Arbeiten, eine hohe Bedeutung zu. In der IT-Praxis werden zahlreiche Begriffe diskutiert, die im weitesten Sinne unter Outsourcing subsummiert werden können. Eine Langzeitstudie zum IT-Controlling zeigt, dass über 70 % der Firmen

© Springer Fachmedien Wiesbaden 2016

21

A. Gadatsch, *IT-Controlling für Einsteiger*, essentials,

DOI 10.1007/978-3-658-13580-5_4

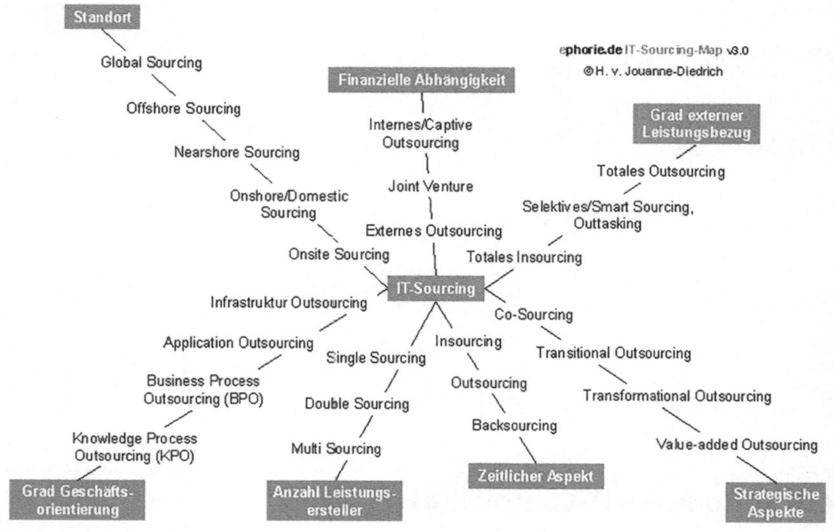

Abb. 4.1 IT-Sourcing Map nach Jouanne-Diedrich (2016)

Teile der IT oder der Geschäftsprozesse ausgelagert haben (Gadatsch et al. 2013, S. 35). Es gibt kaum noch Organisationen, die keinerlei Outsourcing im IT-Umfeld praktizieren (28 %). Insbesondere werden klassische Bereiche wie das Rechenzentrum oder die Softwareentwicklung mit hohem Zuwachs ausgelagert. Von Jouanne-Diedrich hat eine IT-Sourcing-Map veröffentlicht in der zahlreiche Sichten der IT-Beschaffung systematisiert werden (vgl. Abb. 4.1). Die Darstellung ist sehr gut geeignet, um die eigene Beschaffungsstrategie abzubilden und z. B. mit Wettbewerbern zu vergleichen.

IT-Sourcing als Oberbegriff
Die IT-Sourcing-Map typisiert sieben Kriterien: Standort, Finanzielle Abhängigkeit, Grad der externen Leistungserbringung und der Geschäftsorientierung, Anzahl der Leistungsersteller, zeitliche und strategische Aspekte.

Finanzielle Abhängigkeit
Externes Outsourcing erfolgt über unternehmensexterne IT-Dienstleister. *Internes Outsourcing* ist aus wirtschaftlicher Sicht unechtes Outsourcing, bei dem interne Dienstleister genutzt werden. Formal betrachtet existieren jedoch echte Kunden-Lieferanten-Verhältnisse. Internes Outsourcing wird auch als *Captive Outsourcing* bezeichnet.

Zeitlicher Aspekt

Insourcing beschreibt die interne Leistungserstellung. Oft wird Insourcing auch als Folge einer Rücknahme der Outsourcing-Entscheidung betrachtet. *Backsourcing* ist der Prozess, der die Rücknahme steuert.

Grad der externen Leistungserbringung

Selektives Sourcing versus *totales Outsourcing* sind Begriffe, die den Umfang der ausgelagerten Aufgaben beschreiben. *Totales Outsourcing* ist in der Praxis selten anzutreffen. *Selektives Outsourcing* kann daher teilweise mit Outsourcing gleichgesetzt werden. Alternative Begriffe sind *Smart Sourcing*, *Right Sourcing* und *Outtasking*.

Anzahl der Leistungsersteller

Single-Sourcing beschreibt Outsourcing mit einem Leistungsanbieter. Dieser kann die Leistung selbst erbringen oder seinerseits Leistungen weiter vergeben. Beim *Multi-Sourcing* steht sich das auslagernde Unternehmen mehreren Dienstleistern und Lieferanten direkt gegenüber. Multi-Sourcing wird als Best-of-Breed Sourcing bezeichnet, weil für die jeweilige IT-Leistung der jeweils beste Lieferant ausgewählt wird.

Standort

Offshore Sourcing ist die Erbringung von IT-Leistungen im weiter entfernten Ausland. *Nearshoring* erfolgt in geografisch näher gelegenen Ländern. *Onshore-Sourcing* erfolgt durch externe Unternehmen am Ort des Leistungsnehmers.

Strategische Aspekte

Das *Value-added Outsourcing* ist eine kooperative Form des Outsourcings, bei dem mehrere Unternehmen eine Partnerschaft (z. B. als Joint Venture) eingehen und die Gewinne/Verluste untereinander aufteilen. Die Partnerschaft wird durch individuelle Kompetenzen der beteiligten Unternehmen geprägt (z. B. ein Unternehmen übernimmt den RZ-Betrieb, ein weiteres die Einführung und Betreuung der Anwendungen). *Transitional Outsourcing* wird eingesetzt, um sich veralteter Techniken zu entledigen. Unternehmen lagern „Alte Technik" an Outsourcing-Anbieter aus und führen mit dem eigenen Personal „Neue Technik" ein.

Grad der Geschäftsorientierung

Infrastruktur-Outsourcing ist der klassische Fall des Outsourcings. Unternehmen lagern technische Komponenten (Rechenzentrum, Netzwerk, Endgeräte) aus. Beim *Application Outsourcing* werden Standardsysteme von einem externen

Anbieter betrieben. Alternative Begriffe sind *Net-Sourcing* oder *E-Sourcing*. *Business Process Outsourcing (BPO)* umfasst die Verlagerung von Geschäftsprozessen auf externe Unternehmen einschließlich der hierfür notwendigen Technik.

4.3   Chancen und Risiken von Outsourcing

Kosten- und Personalreduktion als Chance
IT-Outsourcing-Maßnahmen sind ein wichtiges Element des IT-Sourcing, um das IT-Controlling zu bewerten. Outsourcing unterstützt das Unternehmen bei der Konzentration auf sein Kerngeschäft. Über den Effekt der Größendegression sind Unternehmen in der Lage, gleichartige IT-Leistungen kostengünstiger anzubieten. Ein wichtiges Argument für IT-Outsourcing ist die schwierige Suche nach geeignetem hoch spezialisiertem IT-Personal und dessen dauerhafte Auslastung. Outsourcing-Dienstleister können hier ebenfalls Skaleneffekte nutzen und teures Spezialpersonal für verschiedene Kunden effizient einsetzen. Oft sind Kapazitäts- und Leistungsgrenzen der IT-Infrastruktur ausschlaggebende Argumente, um über Outsourcing nachzudenken, wenn aus Performancegründen die Aufrüstung vorhandener IT-Infrastruktur notwendig wird.

Strategische Partnerschaften
Während bei Outsourcing-Überlegungen früher finanzielle Vorteile im Vordergrund standen, dominiert heute eine strategisch-orientierte Partnerschaft, bei der für beide Partner eine vorteilhafte Situation entsteht.

Risiken
Die hohe Abhängigkeit vom Outsourcing-Anbieter führt dazu, dass selten Rücktrittsentscheidungen realisiert werden können. Mit der freiwilligen Aufgabe von IT-Management-Know-how und IT-Spezialwissen entfällt die Option, ausgegliederte Aufgaben notfalls wieder in die eigene Verantwortung zu übernehmen. Personalprobleme entstehen, wenn Arbeitnehmerinteressen bei der Ausgliederung nicht ausreichend berücksichtigt worden sind. Widerstände der Belegschaft sind bei Standortwechseln, effektivem Personalabbau oder verschlechterten finanziellen Vertragsbedingungen zu erwarten. Ein Problem kann im Bereich des Datenschutzes liegen.

4.4   Cloud-Computing als Sonderfall und Trend im IT-Sourcing

Das *Cloud-Computing* als zunehmend genutzte neue Form der Beschaffung von IT-Leistungen kann in verschiedenen Perspektiven der Sourcing-Map eingeordnet werden, je nachdem welche organisatorische Form (Private Cloud, Public-Cloud) oder Vertragsart gewählt wird. Die Ausgestaltung des Cloud-Computing ist in der Praxis sehr vielfältig, es lassen sich aber einige grundlegende Merkmale festhalten: On-Demand-Zugriff, Pay-per-Use und Elasticy (Biebl 2012, S. 24).

On Demand
Der Kunde (Nutzer) kann weitgehend automatisiert IT-Ressourcen „buchen und kündigen". Die Bereitstellung und Kündigung der Services erfolgt im Idealfall ohne direkte Interaktion in kurzer Zeit.

Pay-per-Use
Die IT-Services werden nach Nutzung abgerechnet. Fixkosten fallen in der Regel keine oder nur in vergleichsweise geringem Umfang an. Übliche Abrechnungs-größen sind z. B. Datentransfervolumen oder Datenspeichervolumen. Der Nutzer kann die Berechnungsgrundlagen selbst nachvollziehen.

Elasticy
Der Kunde kann auf aus seiner Sicht unbegrenzte Ressourcen zurückgreifen. Die Bereitstellung der Kapazitäten kann in kürzester Zeit dem Bedarf entsprechend vorgenommen werden. Diese Eigenschaft ist wichtig bei kurzfristig auftretenden Bedarfsspitzen, z. B., wenn große Datenmengen in kurzer Zeit analysiert werden müssen oder etwa das Weihnachtsgeschäft zu einem erhöhten Daten- und Verar-beitungsvolumen führt.

Cloud versus Outsourcing
Damit unterscheidet sich Cloud-Computing deutlich von klassischen IT-Outsourcing-Modellen, die eher statisch geprägt sind. Klassische Outsourcing-Modelle erfordern lange Vertragsverhandlungen, haben längere Laufzeiten und sind häufig nur schwer für das Unternehmen umkehrbar, was zu einer vielfach unerwünschten Abhängigkeit vom IT-Dienstleister führt.

4.5   Service-Level-Agreements als Steuerungsinstrument

Ein Service Level Agreement (SLA, deutsch: Geschäftsprozessvereinbarung) ist eine Vereinbarung über die termingerechte Erbringung von (IT-)Leistungen in einer vereinbarten Qualität zu festgelegten Kosten meist als Anlage bzw. Ergänzung zu einem Vertrag (Gadatsch und Mayer 2013, S. 194). Interne SLAs regeln das Verhältnis zwischen dem IT-Bereich (Auftragnehmer) und der Fachabteilung (Auftraggeber). Externe SLAs regeln das Verhältnis zwischen der IT-Abteilung oder der Fachabteilung, die beide als Auftraggeber agieren können und externen IT-Lieferanten bzw. Dienstleistern, die als Auftragnehmer agieren (vgl. Abb. 4.2).

Eine SLA steuert als komplexes Vertragswerk das Zusammenspiel zwischen den Vertragsparteien. Inhalte einer SLA sind insbesondere die Leistungsspezifikation, Angaben zu Terminen und Fristen, die vereinbarten Konditionen und organisatorische Rahmenbedingungen. Kernaussagen von IT-Service-Level-Vereinbarungen sind z. B.:

- Verfügbarkeit: z. B. 96 % jeden Tag, von Montag bis Freitag von 7–20 Uhr für jedes Call-center,
- Zuverlässigkeit: z. B. nicht mehr als drei Ausfälle pro Zeiteinheit,
- Servicefähigkeit: z. B. 96 % aller Netzwerkausfälle in jeder Arbeitswoche werden innerhalb von 30 Min nach Fehlermeldung behoben,
- Mindestabnahmemengen: z. B. die vereinbarte Anzahl von 180 SAP-Power-Usern gilt für mindestens ein Jahr,

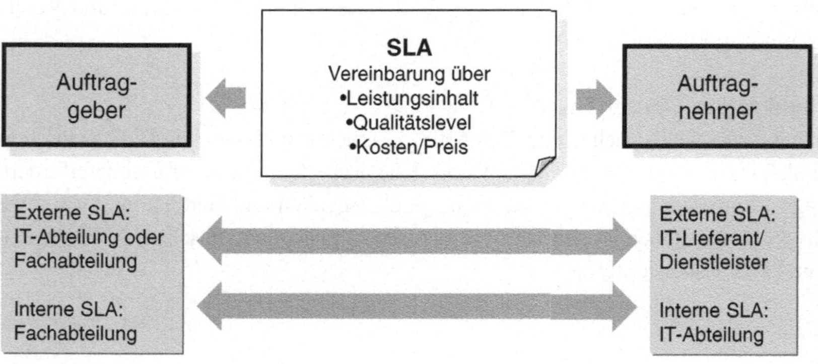

Abb. 4.2 SLA-Konzept

- Zeiten: (Antwort-, Wiederanlauf-, Durchlaufzeiten), z. B. 66 % aller Telefon-
  anrufe werden spätestens nach dem vierten Klingeln angenommen (vgl. Jäger-
  Goy 2002, S. 106).

Leistungsspezifikation

Hierunter ist die exakte Beschreibung der Art und des Umfangs der zu erbringen-
den Leistung (z. B. Einführung, Betrieb und Wartung einer Standardsoftware) zu
verstehen.

Termine, Fristen

Leistungen sind zu bestimmten Zeitpunkten (z. B. Report über erbrachte Leistungen am 10. des Folgemonats) oder innerhalb festgelegter Fristen (Störungsbeseitigung innerhalb von acht Arbeitsstunden) zu erbringen. Idealerweise werden diese
in Bezug zu Prioritäten gesetzt, z. B. der Beseitigung von kritischen Störungen
(Serverstillstand) innerhalb von zwei Stunden, Beseitigung von weniger kritischen Störungen (Ausfall eines Druckers) innerhalb von einem Arbeitstag.

Konditionen und Ausreißer Quote

Vergütungen und Vertragsstrafen sind in der Höhe und Berechnung (z. B. Rabatt-
staffeln) sowie Rechnungsstellung (z. B. Monatsrechnung) zu spezifizieren. Von
zentraler Bedeutung ist die zulässige *Ausreißer Quote*, d. h. der maximale Anteil
der Leistungseinheiten, die außerhalb des vereinbarten Qualitäts-/Terminrasters liegen dürfen. Solange die vereinbarte Ausreißer Quote nicht überschritten wird, liegt
keine SLA-Verletzung vor. Erst wenn die zulässige Ausreißer Quote überschritten
wird, können Maßnahmen (z. B. Zahlung von Vertragsstrafen) eingeleitet werden.

Organisatorische Rahmenbedingungen

An dieser Stelle sind Regelungen über die Abwicklung der Leistungsbeziehung
zu treffen. Insbesondere ist zu klären, welche Arbeits- und Bereitschaftszeiten zu
erbringen sind. Festzulegen ist, wie ein Auftrag zustande kommt (z. B. Meldung
der Störung per Telefon, per E-Mail?). Der Nachweis der Leistungserbringung ist
durch den Auftragnehmer nachzuweisen. Er muss nachprüfbare Aufzeichnungen
über Art und Umfang der erbrachten Leistungen führen.

Bezug zum IT-Controlling

IT-Service-Level-Vereinbarungen liefern einen Beitrag zur Planung und Kontrolle
des Einsatzes der IT und damit zur Verbesserung der Wirtschaftlichkeit. Sie unterstützen die Vertrags- und Leistungsbeziehungen zu internen und externen Lieferanten und tragen durch die verbesserte Transparenz von Kosten und Leistungen
zu einer Leistungsverbesserung bei.

4.6   Zusammenfassung

- IT-Sourcing ist ein bereichsübergreifender Prozess zwischen IT-Management, IT-Einkauf und dem IT-Controlling
- Die IT-Sourcing-Map nach *von Jouanne-Diedrich* unterstützt die strategische Gestaltung des IT-Sourcing
- Cloud-Computing als Sonderfall des Outsourcings nimmt an Bedeutung zu
- Die Steuerung des Prozesses erfolgt über Service-Level-Agreements (SLA) in denen Leistungen und Gegenleistungen fixiert werden

IT-Kosten- und Leistungsrechnung (IT-KLR)

Zahlen für rationale Entscheidungen

Ohne Kostenrechnung keine Entscheidungsgrundlage

5.1 Relevanz der IT-Kosten- und Leistungsverrechnung

Steigender IT-Kostenanteil

Der Anteil der direkten und indirekten IT-Kosten an den Gesamtkosten steigt, da Geschäftsprozesse zunehmend digitalisiert werden. Oft erreichen IT-Kosten einen wesentlichen Anteil der Prozesskosten, wie z. B. bei Online-Shops, Versicherungen, Telekommunikation oder Bankdienstleistungen.

Verrechnung von IT-Kosten erforderlich

Viele Unternehmen erkennen, dass eine Verrechnung von IT-Kosten notwendig ist, um für Entscheidungen (z. B. Outsourcing, Verlagerungen, Zukäufe oder Verkäufe von Unternehmensteilen) Basisdaten zu erhalten. Die Verrechnung von IT-Leistungen hat im Vergleich zu den Vorjahren deutlich zugenommen: 72 % der Unternehmen in deutschen Sprachen/im deutschsprachigen Raum führen eine IT-Leistungsverrechnung durch (Gadatsch et al. 2013, S. 14).

5.2 Struktur der IT-Kosten- und Leistungsrechnung

Die Darstellung in Abb. 5.1 zeigt verschiedene datenliefernde Systeme (Sender), wie sie in der Praxis häufig anzutreffen sind (vgl. Gadatsch und Mayer 2013, S. 163). Aus der Finanzbuchhaltung gelangen z. B. Eingangsrechnungen,

© Springer Fachmedien Wiesbaden 2016
A. Gadatsch, *IT-Controlling für Einsteiger*, essentials,
DOI 10.1007/978-3-658-13580-5_5

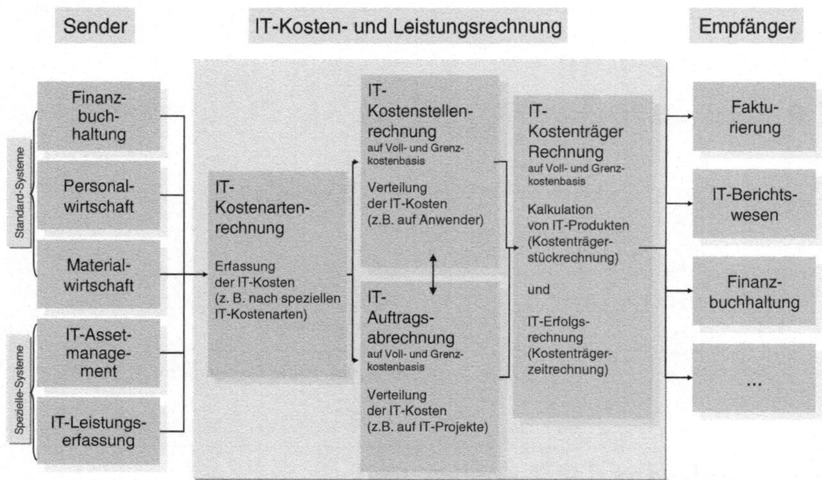

Abb. 5.1 Struktur einer IT-Kosten- und Leistungsrechnung

aus der Materialwirtschaft Materialentnahmen (z. B. Austausch einer Tasta-tur) und aus der Personalwirtschaft Personalkosten und ggf. Leistungsmen-gen (z. B. angefallene Stunden der Softwareentwickler für IT-Projekte) in die IT-Kostenartenrechnung.

Spezielle Softwaresysteme, wie das *IT-Assetmanagement* oder eine IT-Leistungsverrechnung liefern Bestandsdaten und Bewegungen über IT-Assets (Hardware, Software, Zubehör) und Zeitverbräuche für IT-Projekte oder Störungs-beseitigungen. Die *IT-Kostenstellenrechnung* verteilt die angefallenen IT-Kosten verursachungsgerecht auf empfangene Kostenstellen. Eine IT-Auftragsabrechnung dient der Sammlung und Verteilung von länger laufenden oder besonders wichtigen Maßnahmen, insbesondere von IT-Projekten oder Lizenzkosten für ERP-Systeme.

Die *IT-Kostenträgerrechnung* ermittelt die Kalkulationen für die IT-Produkte der IT-Abteilung, z. B. den Preis für eine Berater-Stunde etc. In der IT-Erfolgs-rechnung wird der Ergebnisbeitrag der IT zum Gesamterfolg des Unternehmens ermittelt. Der IT-Leiter erkennt, welchen Anteil seine Leistung an den Ergeb-nissen des Unternehmens erreicht. Datenempfänger der IT-Kosten- und Leis-tungsrechnung sind neben dem Berichtswesen die Fakturierung (wenn die IT-Abteilung auch externe Umsätze außerhalb des eigenen Unternehmens erzielt) und die Finanzbuchhaltung. Das IT-Berichtswesen entnimmt Daten, bereitet diese empfängergerecht auf und verteilt sie an die Führungskräfte im Unternehmen.

5.3   IT-Kostenartenrechnung

Die Kostenartenrechnung strukturiert die entstandenen IT-Kosten und bereitet sie für die Weiterverarbeitung auf. Die Gliederung der IT-Kostenarten hängt von der Organisationsform der Informationsverarbeitung und vom gewünschten Detaillierungsgrad ab. Unterschiede ergeben sich z. B. aus dem Einsatz einer eigenen IT-Abteilung oder einem hohen IT-Outsourcing-Anteil. Typische IT-Kostenarten sind:

- Hardware (Personal-Computer, Smartphones, Drucker),
- Software (Standardsoftware, Individualsoftware),
- IT-Dienstleistungen (Beratung, Programmierung, Wartung),
- Verbrauchsmaterial (Druckerpatronen, Papier, CD-Rohlinge, USB-Sticks),
- Abschreibungen auf Hardware und Software.

Zu unterscheiden sind primäre Kostenarten (z. B. Rechnung eines Softwarehauses über Programmier- und Beratungsleistungen) und sekundäre Kostenarten für die interne Leistungsverrechnung (z. B. Weiterbelastung der Projektkosten des o. g. Softwarehauses an die beteiligten Fachbereiche).

5.4   IT-Kostenstellenrechnung

Ausgehend von der IT-Kostenartenrechnung werden die IT-Kosten in Einzelkosten und Gemeinkosten gesplittet. Einzelkosten lassen sich unmittelbar ohne weitere Verrechnungen vertrieblichen Produkten zuordnen, wie z. B. IT-Produkte eines Softwarehauses oder IT-Beratungsunternehmens (z. B. Rechnung eines externen Beraters für ein im Kundenauftrag entwickeltes Softwaresystem sind IT-Einzelkosten für das IT-Produkt „Softwaresystem").

Nicht direkt zurechenbare IT-Gemeinkosten werden über die IT-Kostenstellenrechnung nach unterschiedlichen Verfahren auf die IT-Produkte verteilt. So nutzen Softwareentwickler der IT-Abteilung das Internet für Recherchen. Die hierfür anfallenden Gebühren lassen sich aber nicht auf einzelne Projekte der Entwicklerarbeit zuordnen. Sie sind nach geeigneten Kriterien zu verrechnen. Hierzu dient die Kostenstellenrechnung. Zunächst werden die IT-Kosten der IT-Vorkostenstellen (z. B. Rechenzentrum, PC-Service, Anwendungsberatung) gesammelt und auf die Hauptkostenstellen (auch Endkostenstellen genannt) verteilt. Hauptkostenstellen sind die Endabnehmer der IT-Leistungen, z. B. Vertrieb, Fertigung, Personal u. a. Über Kalkulationssätze lassen sich die Gemeinkosten auf Produkte verrechnen. Die Verrechnung der Kosten auf die Endkostenstellen findet im sogenannten *Betriebsabrechnungsbogen* statt.

Beispiel für einen IT-Betriebsabrechnungsbogen
Die „Interface GmbH" hat zur Verrechnung ihrer umfangreichen IT-Kosten drei IT-Vorkostenstellen gebildet: Rechenzentrum, Anwendungsberatung und PC-Service. Die Kosten für Personal, Hardware, Internetnutzung und Kalkulatorische Abschreibungen werden wie folgt auf die Kostenstellen des Unternehmens verrechnet:

Personal	Gehaltssumme lt. Gehaltsbuchhaltung
Hardware	Anzahl PC
Internetnutzung	Anzahl Onlinenutzungsminuten
Kalk. AfA und Zinsen	Vermögenswerte lt. Anlagenbuchhaltung

Weitere Kostenarten werden aus Gründen der Vereinfachung nicht weiter betrachtet, da die IT-Kosten im Vordergrund stehen. Die Kosten der IT-Vorkostenstellen sollen mit dem Umlageverfahren den Endkostenstellen zugerechnet werden. Die Verrechnung der IT-Kostenstellen erfolgt nach folgenden Kriterien:

Rechenzentrum	Verbrauchte CPU-Zeit (in Minuten)
Anwendungsberatung	Verbrauchte Arbeitszeit (in Stunden)
PC-Service	Anzahl installierter PC

Das Rechenbeispiel ist in Abb. 5.2 dargestellt.

5.5   IT-Kostenträgerrechnung

Eine Kostenträgerrechnung besteht aus zwei Komponenten, der Produktkalkulation und der Ergebnisrechnung. Sie kommt im Rahmen der IT-Kostenrechnung normalerweise nur dann zum Einsatz, wenn die IT-Produkte auch Endprodukte sind, wie das z. B. bei einem IT-Dienstleister der Fall ist.

Produktkalkulation
Die Produktkalkulation ermittelt den Preis für IT-Produkte, der sich aus unterschiedlichen Kostenkomponenten zusammensetzt. Interne Kosten sind z. B.

a	b	c	d	e	f	g	h	i
		IT-Kostenstellen(Vorkostenstellen)			Hauptkostenstellen			
IT-Kostenart	Verteilungs-schlüssel	Rechen-zentrum	Anwendungs-beratung	PC-Service	Einkauf	Fertigung	Sonstige	Summe
Personalkosten (Gehalt und Sozialkosten)	Gehaltsumme	240.000 €	540.000 €	320.000 €	1.600.000 €	1.980.000 €	4.500.000 €	**9.180.000 €**
		3%	*6%*	*3%*	*17%*	*22%*	*49%*	*100%*
Hardware	Anzahl PC	8.400 €	12.600 €	16.800 €	42.000 €	126.000 €	315.000 €	**520.800 €**
		4	*6*	*8*	*20*	*60*	*150*	*248*
Internetgebühren	Anzahl Minuten	160 €	480 €	960 €	1.400 €	120 €	600 €	**3.720 €**
		800	*2400*	*4800*	*7000*	*600*	*3000*	*18600*
Kalk. Abschreibungen und Zinsen	Vermögen lt. Anlagen-buchhaltung	6678	10017	13356	33390	100170	250425	**414.036 €**
		26.712 €	*40.068 €*	*53.424 €*	*133.560 €*	*400.680 €*	*1.001.700 €*	*1.656.144 €*
Summe primäre Gemeinkosten		**255.238 €**	**563.097 €**	**351.116 €**	**1.676.790 €**	**2.206.290 €**	**5.066.025 €**	**10.118.556 €**

Umlage der IT-Kosten(sekundäre Gemeinkosten)

IT-Kostenart	Verteilungs-schlüssel	Rechen-zentrum	Anwendungs-beratung	PC-Service	Einkauf	Fertigung	Sonstige	Summe
Rechenzentrum	CPU-Zeit (sec.)	-255238			68.983 €	91.978 €	94.277 €	255.238 €
					1500000	*2000000*	*2050000*	*5550000*
Anwendungs-beratung	Arbeitszeit (h)		-563097		192.841 €	293.119 €	77.137 €	563.097 €
					250	*380*	*100*	*730*
PC-Service	Anzahl PC			-351116	*30.532 €*	*91.595 €*	*228.989 €*	*351.116 €*
					20	*60*	*150*	*230*
Summe sekundäre Gemeinkosten					292.357 €	476692,1222	400402,3701	1169451
Summe Gemeinkosten					1.969.147 €	2682982,122	5466427,37	10.118.556 €

Abb. 5.2 Beispiel für einen vereinfachten IT-BAB

Personalkosten für Softwareentwickler. Externe Kosten sind z. B. Beratungshonorare, Anschaffungskosten für Hardware und Softwarelizenzen, Wartungsgebühren, Datensicherungskosten). Die Produktkalkulation kann aber auch im Rahmen der internen Leistungsverrechnung der Kostenstellenrechnung dazu dienen, interne Verrechnungspreise für interne „IT-Produkte" zu ermitteln.

Beispiele für typische IT-Produkte sind:

- Betrieb von ERP-Systemen,
- Betrieb zentraler IT-Anwendungen (z. B. Citrix-Clients, E-Mail, Intranet/Internet, File- und Print-services, Datensicherungen im Netzwerk),
- Betrieb und Wartung von Standard-IT-Arbeitsplatzsystemen (Desktop, Laptop, Smartphones),
- Betrieb abteilungsspezifischer Anwendungen (CAD-Anwendungen),
- Hotline (First Level-Support, Second-Level-Support),
- Zentrales Asset-Management (Inventarisierung und Verwaltung der IT-Vermögenswerte),
- Betrieb eines IP-basierten Telefonnetzes.

Nr.	Position	Bemerkung	Werte	Bemerkung
01	Hardwarekosten		12,50 Euro	600 Euro / 4 Jahre / 12 Monate
02	+ Materialgemeinkosten	% Zuschlag auf 01	1,25 Euro	10% von 12,50 Euro
03	= Materialkosten	Summe 01-02	13,75 Euro	
04	+ Lizenzen Standardapplikationen (Betriebssystem, Office u.a.)		8,33 Euro	Betriebssystem und Office 100 Euro + 300 Euro = 400 Euro / 4 Jahre / 12 Monate
05	+ Anschluss Netzwerk	Pauschale incl.	1,04 Euro	50 Euro / 4 Jahre / 12 Monate
06	+ Lizenzen Zusatzkomponenten		58,33 Euro	SAP 700 Euro / 12 Monate
07	+ Pauschale für IT-Service (Installation, Hotline, Fehlerkorrekturen, Softwareupdate)		30 Euro	30 Euro (bereits Monatswert)
08	= Lizenzen und Service	Summe 04-07	97,70 Euro	
09	= IT-Produktkosten I	Summe 03 + 08	111,45 Euro	
10	+ CIO-Umlage	% Zuschlag auf 09	22,29 Euro	20% von 111,45 Euro
11	IT-Produktkosten II (monatlicher Verrechnungssatz)	Summe 09 + 10	133,74 Euro	

Abb. 5.3 Kalkulationsbeispiel eines IT-Arbeitsplatzes

Beispiel für eine IT-Produktkalkulation

Das Beispiel zeigt die Ermittlung des monatlichen Planverrechnungssatzes für einen IT-Arbeitsplatz (IT-APS) (vgl. Abb. 5.3) auf der Basis folgender Daten:

- Einstandspreis Desktop: 600 €/Stück, Nutzungsdauer: 4 Jahre
- Zuschlag für Materialgemeinkosten (MGK): 10 %
- Lizenzen
  - Betriebssystem: 100 € einmalig, Nutzungsdauer: 4 Jahre
  - Office: 300 € einmalig, Nutzungsdauer: 4 Jahre
  - SAP-Nutzung: 700 € p. a.
- Anschluss Netzwerk: 50 € einmalig
- IT-Servicepauschale: 30 €/Monat
- CIO-Umlage: Zuschlag: 20 %

Deckungsbeitragsrechnung

Das Instrument der *Deckungsbeitragsrechnung* dient dazu, stufenweise fixe und variable Kosten zu einem Gesamtergebnis zu verdichten. Hiermit lassen sich Analysen über den Erfolgsbeitrag von Projekten, Abteilungen oder Bereichen durchführen. Der Deckungsbeitrag ist die Differenz aus dem Erlös und den direkt zurechenbaren variablen Kosten.

Bereich	Services	Projekte		Gesamt
	IT-Service	Projekt A	Projekt B	
Erlös	30.000 €	7.000 €	18.000 €	55.000 €
-variable Kosten	-5.600 €	-8.000 €	-16.000 €	-29.600 €
Deckungsbeitrag I	24.400 €	**-1.000 €**	**2.000 €**	**25.400 €**
-Berichsfixkosten	-5.000 €	-500 €		-5.500 €
Deckungsbeitrag II	**19.400 €**	**500 €**		**19.900 €**
-Unternehmensfixkosten	-20.000 €			-20.000 €
Unternehmensergebnis	**-100 €**			

Abb. 5.4 Beispiel einer Deckungsbeitragsrechnung für einen IT-Dienstleister

Beispiel für eine Deckungsbeitragsrechnung eines IT-Dienstleisters
In Abb. 5.4 wird ein einfaches Beispiel einer Deckungsbeitragsrechnung für einen IT-Dienstleister dargestellt. Das Unternehmen ist in zwei Bereiche (Service und Projekte) gegliedert. Folgende Daten liegen vor:

- Erlöse
  - IT-Service: 30.000 €,
  - Projekt A: 7000 €,
  - Projekt B: 18.000 €
- Variable Kosten
  - IT-Service: 70 h,
  - Projekt A: 100 h,
  - Projekt B: 200 h (jeweils zu 80 €/h)
- Fixe Kosten
  - Bereiche:
    - IT-Service: 5000 €
    - Projekte 500 €
- Unternehmen: 20.000 €

5.6 Zusammenfassung

- Eine IT-Kosten- und Leistungsrechnung ist erforderlich, um angesichts steigender IT-Kosten Basisdaten für die Entscheidungsunterstützung bereitzustellen
- Instrumente sind die Kostenartenrechnung, die Kostenstellenrechnung und die Kostenträgerrechnung bestehend aus Produktkalkulation und Ergebnisrechnung
- In der Kostenartenerrechnung werden die Kosten in Einzelkosten und Gemeinkosten gesplittet

- Die Kostenstellenrechnung verteilt die Kosten verursachungsgerecht auf End-
  kostenstellen, d. h. diejenigen Bereiche, welche die IT-Leistungen in Anspruch
  genommen haben
- Die Produktkalkulation kalkuliert Endprodukte, kann aber auch für die interne
  Leistungsrechnung als Basis für Verrechnungspreisermittlung dienen
- Die Deckungsbeitragsrechnung ordnet als Ergebnisrechnung stufenweise die
  Kosten den Erlösen zu

IT-Kennzahlen

IT-Kennzahlen: Basis für das Reporting

Ohne IT-Kennzahlen kein Reporting

6.1 Kennzahlen im IT-Controlling

Kennzahlen bzw. *Key-Performance Indicators (KPIs)* sind wichtige Elemente in der Controller-Praxis. Sie dienen der regelmäßigen Information des Managements (Fachseite und IT-Seite) sowie der Steuerung von Projekten. Sie ermöglichen eine Ursachenanalyse der Abweichungen zwischen Zielwerten und Istwerten und signalisieren notwendige Gegenmaßnahmen, um die Ziele der IT-Strategie zu erreichen. Der damit verbundene Regelkreislauf ist in Abb. 6.1 dargestellt.

IT-Kennzahlen können in absolute Kennzahlen und Verhältniskennzahlen unterschieden werden. Letztere differenzieren sich in Gliederungs-, Beziehungs- und Indexkennzahlen (vgl. Abb. 6.2).

Inhaltlich sind Kategorisierungen in verschiedene Dimensionen wie Strategische Relevanz (Verhältnis Neuentwicklung zu Wartung), Wirtschaftlichkeit (z. B. Einhaltung von IT-Budgets), Kostenstruktur (IT-Kosten/Gesamtkosten), Leistung (Verfügbarkeit von Systemen), Kundenzufriedenheit (Reklamationsquote) u. a. denkbar.

Kennzahlen können sich auf verschiedene Analysedimensionen beziehen:

- **Organisation** (Konzernsteuerung, IT-Dienstleister, IT-Kunde, Externe Partner)
- **Verdichtung** (Einzelwerte, Projekt, Applikation, Fachebene, Management, Top-Management)
- **Bezugsbereich** (Prozesse, Finanzen, Kunde)
- **Zeit** (Planwert, Schätzwert, Istwert)

© Springer Fachmedien Wiesbaden 2016   37
A. Gadatsch, *IT-Controlling für Einsteiger*, essentials,
DOI 10.1007/978-3-658-13580-5_6

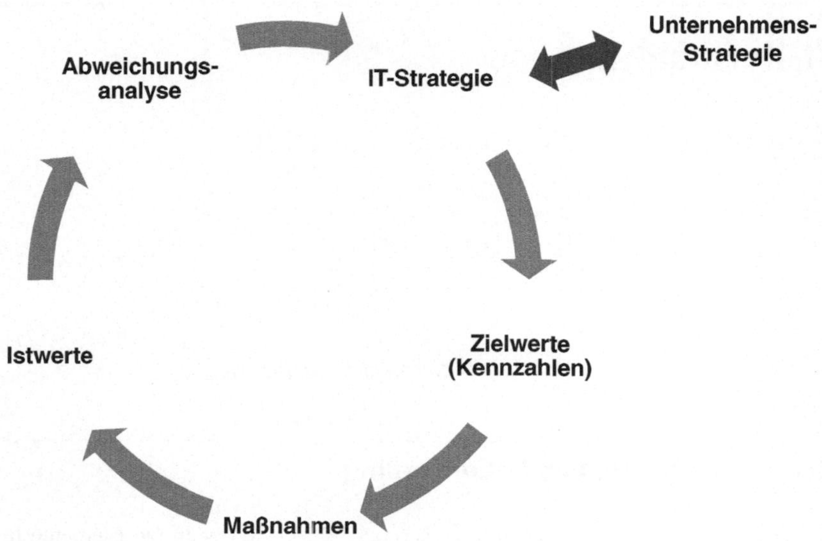

Abb. 6.1 IT-Kennzahlen Regelkreis

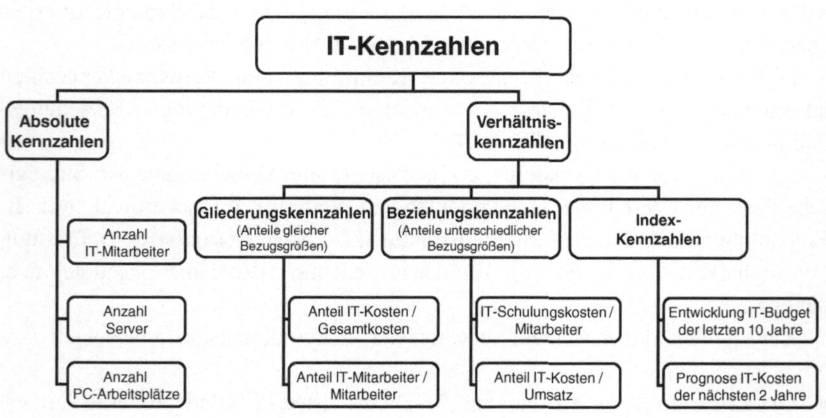

Abb. 6.2 IT-Kennzahlenstruktur. (Gadatsch 2012, S. 98)

- **Zielgruppe** (IT-Bereich, Fachseite, Externe Partner)
- **Einsatzzweck** (IT-Planung, IT-Steuerung, Fakturierung, IT-Personalführung, Gehaltsfindung)

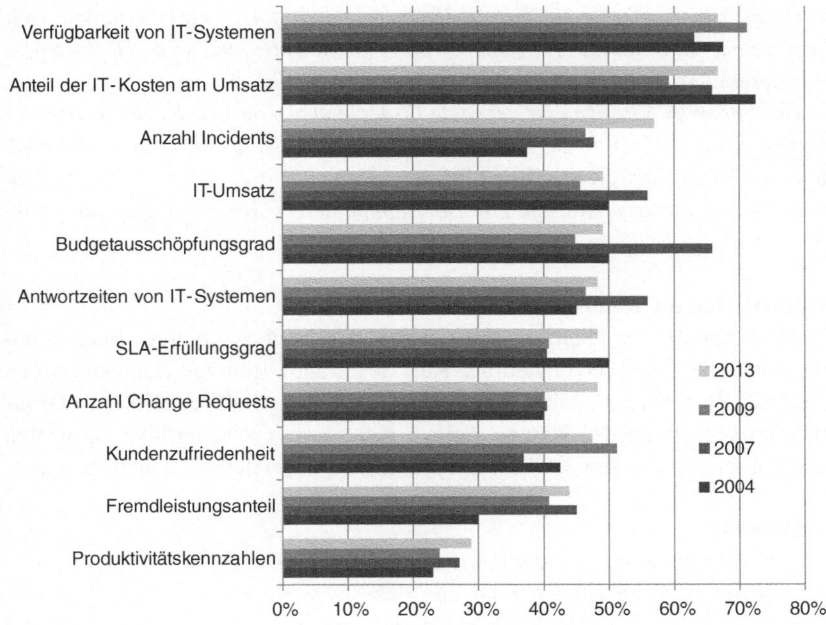

Abb. 6.3 TOP-IT-Kennzahlen. (Gadatsch et al. 2013, S. 39)

Die am häufigsten verwendeten IT-Kennzahlen sind nach einer Langzeitanalyse zum IT-Controlling: Verfügbarkeit der IT-Systeme, Anteil IT-Kosten/Umsatz, Anzahl Incidents, IT-Umsatz und Budgetausschöpfung (vgl. Gadatsch et al. 2013, S. 39 und Abb. 6.3).

6.2 Sinnvolle IT-Kennzahlen

Oft steht in der Praxis die Frage nach „guten" Kennzahlen im Raum. Diese müssen jedoch vor dem Hintergrund des jeweiligen Einsatzes definiert werden. Hierbei sind Fehlinterpretationen möglich, was sich am Beispiel der Kennzahl „IT-Kosten/Umsatz" darstellen lässt. Kütz verweist auf folgendes Beispiel (vgl. Kütz 2003, S. 20–21):

Aussagekraft der IT-Kennzahl „IT-Kosten/Umsatz"
Ein Vergleich zweier Handelsunternehmen ergab, dass die IT-Kostenanteile vom Umsatz bei Unternehmen A 0,8 % und bei Unternehmen B 1,2 % IT-Kostenanteil

*betrugen. Hieraus folgte ein Entscheidungsvorschlag für einen Übernahmeplan:
Unternehmen B sollte die IT-Systeme von A übernehmen, um seine IT-Kosten zu
reduzieren. Die weitere Detailanalyse ergab unter anderem:*

*Unternehmen A besitzt eine veraltete IT-Architektur, die seit Jahren nicht mehr
gepflegt wurde. Die IT-Kosten bestanden im Wesentlichen aus Kosten für die Wartung der Altsysteme. Unternehmen B konnte eine moderne, weitaus leistungsfähi-
gere IT-Architektur vorweisen. Die Übernahme der IT-Systeme wurde daraufhin
verworfen.*

Prüfkriterien für Kennzahlen

Für jede potenzielle Kennzahl sollte der nachstehend aufgeführte Fragenkata-
log (entnommen und modifiziert aus Kütz 2011, S. 52) mit den Hauptkategorien
Qualität, Berechenbarkeit/Analysierbarkeit, Wirtschaftlichkeit und **Organisation** geprüft werden können. Sollten nicht ausreichend positive Antworten
möglich sein, ist die Kennzahl für den jeweiligen Anwendungsfall nicht geeignet.

- **Qualität**
  - Was soll mit der Kennzahl gesteuert werden?
  - Misst die Kennzahl den richtigen Effekt?
  - Was lässt sich mit der Kennzahl aktiv steuern?
  - Sind die Kennzahlen für den Empfänger verständlich?
  - Wie ist die Qualität der Basisdaten zu beurteilen (sind Aufbereitungen
    notwendig)?
  - Misst die Kennzahl für die IT-Strategie relevante Ziele?
- **Berechenbarkeit und Analysierbarkeit**
  - Können Ziel- und Sollwerte bzw. erwartete Werte definiert werden?
  - Können korrespondierende Istwerte ermittelt werden?
  - Wie sensibel reagieren die Kennzahlen auf Veränderungen?
  - Können die notwendigen Basisdaten ermittelt werden?
  - Sind die Kennzahlen drill-down-fähig?
- **Wirtschaftlichkeit**
  - Ist der Aufwand für die Ermittlung von Basisdaten wirtschaftlich
    gerechtfertigt?
  - Steht dem Aufwand für die Ermittlung und Aufbereitung ein angemessener
    Nutzen durch die Möglichkeit zum Steuern gegenüber?
  - Können pragmatische Ersatzgrößen ermittelt werden?
- **Organisation**
  - Können Verantwortliche für Datenbereitstellung, Berechnung, Berichter-
    stattung und für die Inhalte der Kennzahl selbst benannt werden?

Bereich	Inhalte	Beispielangaben (vereinfacht)
Beschrei-bung	Kürzel Bezeichnung Beschreibung Gültigkeit Verantwortlicher für Inhalt, Adressat (Zielgruppe), Berichterstatter (Datenlieferant) Kennzahlenkategorie (z.B. Finanzen), Zielwerte Benchmarks Toleranzwerte Eskalationsregeln bei Ausreißern	P-VF-SAPERP Verfügbarkeit des Systems „SAP ERP" Prozesskennzahl zur Messung der Einsetzbarkeit des SAP-ERP-Systems ab 01.03.2016 Zentralbereich IT, Leiter „SAP-Anwendungsbetreuung", Frau X. SAP-Anwender (Leiter der beziehenden Organisationseinheiten) Zentralbereich IT, Referent IT-Controlling, Herr Y Prozessmanagement 99,5% bezogen auf eine Arbeitswoche (Arbeitszeit 07.00 – 18.00) Tochterunternehmen „Z" hat 2013 Minimalwert von 99,7% erreicht Bis hinunter 95,0% maximal einmal im Geschäftsjahr Regelmäßig IT-Controller, CIO, bei Ausreißern Vorstand Finanzen
Daten-ermittlung	Datenquellen, IT-System Messverfahren (manuell, automatisch, indirekt), Messpunkte Verantwortlicher	SAP-Logdaten, SAP ERP (System zzz / Mandant xxx) Automatische Messung anhand von Logdaten SAP ERP-System, zusätzlich Messung am Client (wg. Netzverfügbarkeit) Zentralbereich IT, Leiter „SAP-Betrieb", Herr Z
Auf-bereitung	Berechnungsformel Verantwortlicher	Nutzungszeit in min/Gesamtarbeitszeit in min (je Woche) in % Zentralbereich IT, Referent IT-Controlling, Herr Y
Präsen-tation	Darstellung (Text, Grafik, Zahlen, …), Periodizität (bei Anfall, stündlich, täglich, wöchentlich, …) Aggregationsstufen, Archivierung (Ort, Medium, Dauer), Verantwortlicher	Darstellung als %-Satz, in Übersichtsdarstellungen in Ampelfarben bis 95,0% ROT, Über 95% bis unter 99,5% GELB, Ab 99,5% GRÜN Wöchentliche Veröffentlichung der Einsatzdaten Jährliche Veröffentlichung (zum 31.12) des Durchschnittswertes mit Angaben Minimal und Maximalwerte SAP ERP (Gesamt), Werte je SAP-Modulgruppe (FIN, CON, ….) Werte werden dauerhaft im „Data Warehouse" des Controllings archiviert. Löschung vorerst nicht geplant Zentralbereich IT, BI-Team, Herr A
Sonstiges	Reklamationen, Rückmeldungen, Erfahrungen, Änderungen der Berechnung	Erfahrungswert: Messpunkt ist nicht präzise, denn Anwender haben bei Netzwerkproblemen den gleichen Effekt, sie können SAP ERP nicht nutzen. Erklärung ggf. in regelmäßigen Abständen erforderlich. Problem derzeit nicht anders lösbar.

Abb. 6.4 Kennzahlensteckbrief „Verfügbarkeit SAP ERP"

– Sind die Kennzahlen manipulationssicher?
– Wie reagieren die Kennzahlen auf organisatorische oder technologische Veränderungen?

Kennzahlensteckbrief

Kennzahlen sind an zentraler Stelle mittels eines *Kennzahlensteckbriefs* in einer Datenbank zu dokumentieren. Der Steckbrief enthält eine aussagekräftige Beschreibung (Name der Kennzahl, Adressaten, Berichterstatter, wesentliche Inhalte, Zielwerte, Toleranzwerte), Informationen zu Datenquellen und deren Aufbereitung, Präsentationsform, Verantwortlichkeiten u. a. organisatorische Aspekte (vgl. Kütz 2011, S. 45). Die Abb. 6.4 zeigt ein Beispiel für einen Kennzahlensteckbrief für die Kennzahl „Verfügbarkeit von SAP ERP".

Nutzen von IT-Kennzahlen

Der Nutzen von IT-Kennzahlen bzw. IT-Kennzahlensystemen kann insbesondere aus Sicht des IT-Projektmanagements, dem IT-Betrieb und der Sicht der Fachabteilung betrachtet werden (vgl. Gadatsch 2012, S. 104 f.). Das

Projektmanagement profitiert bei der Projektauswahl durch Wirtschaftlichkeits-berechnungen von rendite- und risikoorientierten Kennzahlen. Im Rahmen der Projektsteuerung kann ein laufender Soll-Ist-Vergleich dazu beitragen, die Errei-chung der Projektziele sicherzustellen. Ein nachträglicher Soll-Ist-Vergleich bie-tet die Möglichkeit, Erfahrungen aus abgeschlossenen Projekten für die Planung

Tab. 6.1 Wichtige IT-Kennzahlen

Analysebereich	Kennzahl
Finanzen	Budgetausschöpfungsgrad IT-Kosten pro Arbeitsplatz Anteil IT-Kostenarten (x) an den IT-Gesamtkosten IT-Kosten bezogen auf den Umsatz
IT-Kunde	Anteil der IT-Kunden am IT-Gesamtumsatz Zufriedenheit des IT-Kunden
IT-Prozesse	Anteil Störungs-Eskalationen der Kategorie X Sofortlösungsanteil für Störungen Bestand an Anfragen der Kategorie X Anzahl betreuter IT-Arbeitsplätze pro IT-Mitarbeiter Anzahl Änderungen pro IT-Prozess
Services	Anteil Besuche oder Kontakte der Kategorie X an der Gesamtanzahl von Besuchen oder Kontakten Antwortzeit Anzahl Änderungen pro Service Nutzergemeldete Ausfallzeit Nutzungsgrad Anzahl Service-Level-Agreement-Verletzungen Anzahl Service Requests Anzahl Störungen pro Service Termintreue Verfügbarkeitsgrad
IT-Lieferanten	Anteil eines Lieferanten am Fremdleistungsvolumen Reklamationsdichte Zufriedenheit mit dem Lieferanten
Innovation	Anteil IT-bezogener Verbesserungsinitiativen Projektanteil Innovationen und F&E
Projekte	Anteil Aufwand der Kategorie X am Projektaufwand Fortschrittsgrad der Kategorie X Fremdkräfteanteil Ressourcenauslastung Rentabilität des Projektes Wirtschaftlichkeit des Projektes

von Folgeprojekten zu verwenden. Zahlreiche Kennzahlen können für die Steuerung des **Betriebs von Informationssystemen** genutzt werden: Leistungen der IT-Abteilung, Kosten und die Auslastung der Ressourcen. Ein detaillierter Leistungs- und Kostennachweis ermöglicht der **Fachseite** Vergleiche mit anderen IT-Anbietern (Benchmarking) und eine Kostenkontrolle der beauftragten IT-Leistungen.

6.3 Auswahl wichtiger IT-Kennzahlen für die Praxis

In der Praxis ist es hilfreich anhand eines Kataloges für das eigene Unternehmen sinnvolle Kennzahlen auszuwählen und deren Einsetzbarkeit zu prüfen. In Tab. 6.1 sind einige wichtige Kennzahlen aufgeführt, die häufig zum Einsatz kommen (entnommen aus Kütz 2011, S. 215 ff.). Die Darstellung soll nur Anregungen für die Definition eigener Kennzahl geben. In keinem Fall kann davon ausgegangen werden, dass alle genannten Kennzahlen stets sinnvoll genutzt werden können. Weitere Kennzahlen sind z. B. in Thome et al. (2011) oder in Kütz und Wagner (2015) aufbereitet worden und als zusätzliche Anregung nutzbar.

6.4 Zusammenfassung

- Gute IT-Kennzahlen gibt es nicht „von der Stange", die Tauglichkeit hängt vom Einsatzbereich, den Zielen und den organisatorisch-technischen Gegebenheiten im Unternehmen ab
- Wichtige Prüfkriterien sind Qualität, Berechenbarkeit/Analysierbarkeit, Wirtschaftlichkeit und Organisation
- Top-5 Kennzahlen sind: Verfügbarkeit der IT-Systeme, Anteil IT-Kosten/Umsatz, Anzahl Incidents, IT-Umsatz und Budgetausschöpfung

Was Sie aus diesem *essential* mitnehmen können

- Einblick in das Aufgabenprofil eines IT-Controllers
- Überblick über Methoden und Werkzeuge, die im IT-Controlling eingesetzt werden
- Hinweise für weiterführende Informationsquellen

© Springer Fachmedien Wiesbaden 2016

A. Gadatsch, *IT-Controlling für Einsteiger*, essentials,

DOI 10.1007/978-3-658-13580-5

Literatur

Appel D, Brauner S, Preuss P. Einsatz von SAP Strategic Enterprise Management als IT-gestütztes Balanced Scorecard-System. Inf Manage Consult. 2002;17(2):88–94.

Barth M, Gadatsch A, Kütz M, Rüding O, Schauer H, Strecker S. Leitbild IT Controller/-in: Beitrag der Fachgruppe IT-Controlling der Gesellschaft für Informatik. ICB-Research Report, Nr. 32, Institut für Informatik und Wirtschaftsinformatik, Universität Duisburg-Essen; 2009. http://www.icb.uni-due.de/researchreports/reportliste/. Zugegriffen: 12. Apr. 2016.

Biebl J. Wofür steht Cloud-Computing eigentlich? Wirtschaftsinformatik und Management. Jan 2012. S. 22–9.

CIO-Magazin, Herausgeber. Die IT-Fakten der größten Unternehmen Deutschlands. Hamburg:Verlag tredition; 2010. S. 12.

Dobschütz LV, Barth M, Jäger-Goy H, Kütz M, Möller H.-P. IV-Controlling. Wiesbaden: Gabler; 2000.

Fiedler R. Controlling von Projekten. Wiesbaden und Braunschweig: Vieweg Verlag; 2005.

Gadatsch A. IT-Controlling-Konzepte und aktuelle Situation in der Praxis. Wirtschaftsinformatik. 2009;51(3):295–305.

Gadatsch A. IT-Controlling. Wiesbaden: Springer vieweg; 2012.

Gadatsch A, Mayer E. Masterkurs IT-Controlling. 5th Aufl. Wiesbaden: Springer; 2013.

Gadatsch A, Kütz J, Juszczak J. Ergebnisse der 4. Umfrage zum Stand des IT-Controlling im deutschsprachigen Raum. In: Schriftenreihe des Fachbereiches Wirtschaft Sankt Augustin, Hochschule Bonn-Rhein-Sieg, Bd. 33, Sankt Augustin 2013.

Heinrich L, Stelzer D. Informationsmanagement. 9th Aufl. München: Oldenbourg; 2009.

Jäger-Goy H. Führungsinstrumente für das IV-Management. Frankfurt et al.; 2002.

Kargl H, Kütz M. IV-Controlling. 5th Aufl. München: Oldenburg Wissenschaftsverlag; 2007.

Kütz M, (Hrsg.) Kennzahlen in der IT. 1st Aufl. Heidelberg: Dpunkt; 2003.

Kütz M, (Hrsg.) Kennzahlen in der IT. 4th Aufl. Heidelberg: Dpunkt; 2011.

Kütz M. IT-Controlling für die Praxis. 2nd Aufl. Heidelberg: Dpunkt; 2013.

Kütz M, Wagner R, Herausgeber. Mit Kennzahlen zum Erfolg. Düsseldorf. 2015.

Linssen O. Die earned value analyse. In: Möller T, et al. Herausgeber. Projekte erfolgreich managen. Sammelwerk. Köln. 40. Ergänzungslieferung, Abschnitt 4.9.7; 2010.

© Springer Fachmedien Wiesbaden 2016
A. Gadatsch, *IT-Controlling für Einsteiger*, essentials,
DOI 10.1007/978-3-658-13580-5

Müller A, von Thienen L, Schröder H. IT-Controlling: So messen Sie den Beitrag der Informationstechnologie zum Unternehmenserfolg. In: Der Controlling Berater, Heft 01, 2005; S. 99–122.

Sarsam R. (CIO-Magazin). Daimler-CIO Gorriz: Die Balanced Scorecard bei der Daimler IT. www.cio.de2223908. Zugegriffen: 15. Feb. 2010.

Schröder H, Kesten R, Hartwich Th. Produktorientierte IT-Leistungsverrechnung bei der K+S-Gruppe. In: Praxis der Wirtschaftsinformatik, HMD245; April 2007. S. 50–60.

Stelzer D, Bratfisch W. Earned-Value-Analyse – Controlling-Instrument für IT-Projekte und IT-Projektportfolios. In: HMD 254, Praxis der Wirtschaftsinformatik; April 2004, S. 61–70.

Stelzer D, Büttner M, Kahnt M. Erfahrungen mit der Earned-Value-Analyse: eine explorative empirische Untersuchung im IT-Bereich von Unternehmen in Deutschland, Arbeitsbericht Nr. 2007-02, Technische Universität Ilmenau, Institut für Wirtschaftsinformatik, Ilmenau, Juni 2007a.

Stelzer D, Büttner M, Kahnt M. Erfahrungen mit der Earned-Value-Analyse in deutschen IT-Projekten. In: ZfCM. Juni 2007b;51(4):251–6.

Strecker S. IT-Performance-Management: Zum gegenwärtigen Stand der Diskussion. Controlling. 2008;20(10):518–23.

Thome R, Herberhold C, Gabriel A, Habersetzer L, Jaugstetter C. 100 IT-Kennzahlen, Wiesbaden; 2011.

von Jouanne-Diedrich H. Die ephorie.de IT-Sourcing-Map. Eine Orientierungshilfe im stetig wachsenden Dschungel der Outsourcing- Konzepte. In: ephorie.de – Das Management-Portal. http://www.ephorie.de/it-sourcing-map.htm Zugegriffen: 13. Jan. 2016.